My Secrets of Day Trading in Stocks
Explained Completely by Top Trader

威科夫
股票日内交易的秘密

{ 顶级交易员深入解读 }

[美] 理查德·**D.**威科夫（Richard D.Wyckoff）/原著
魏强斌/译注

经济管理出版社
ECONOMY & MANAGEMENT PUBLISHING HOUSE

图书在版编目（CIP）数据

威科夫股票日内交易的秘密：顶级交易员深入解读/(美) 理查德·D. 威科夫 (Richard D. Wyckoff) 原著；
魏强斌译注. —北京：经济管理出版社，2019.1（2023.8重印）
ISBN 978-7-5096-6302-8

Ⅰ. ①威… Ⅱ. ①理… ②魏… Ⅲ. ①股票交易—研究 Ⅳ. ①F830.91

中国版本图书馆 CIP 数据核字（2019）第 017116 号

组稿编辑：勇　生
责任编辑：勇　生　刘　宏
责任印制：黄章平
责任校对：董杉珊

出版发行：经济管理出版社
　　　　　（北京市海淀区北蜂窝 8 号中雅大厦 A 座 11 层　　100038）
网　　　址：www. E-mp. com. cn
电　　　话：(010) 51915602
印　　　刷：唐山昊达印刷有限公司
经　　　销：新华书店
开　　　本：787mm×1092mm/16
印　　　张：12.25
字　　　数：225 千字
版　　　次：2019 年 1 月第 1 版　2023 年 8 月第 5 次印刷
书　　　号：ISBN 978-7-5096-6302-8
定　　　价：68.00 元

The first and most important reason for closing a trade is: the trade says so!

—Richard D. Wyckoff

导言　成为伟大交易者的秘密

◇ 伟大并非偶然！

◇ 常人的失败在于期望用同样的方法达到不一样的效果！

◇ 如果辨别不正确的说法是件很容易的事，那么就不会存在这么多的伪真理了。

金融交易是全世界最自由的职业，每个交易者都可以为自己量身定做一套盈利模式。从市场中"提取"金钱的具体方式各异，而这却是金融市场最令人神往之处。但是，正如大千世界的诡异多变由少数几条定律支配一样，仅有的"圣杯"也为众多伟大的交易圣者所朝拜。现在，我们就来一一细数其中的最伟大代表吧。

作为技术交易（Technical Trading）的代表性人物，理查德·丹尼斯（Richard Dannis）闻名于世，他以区区 2000 美元的资本累积了高达 10 亿美元的利润，而且持续了十数年的交易时间。更令人惊奇的是，他以技术分析方法进行商品期货买卖，也就是以价格作为分析的核心。但是，理查德·丹尼斯的伟大远不止于此，这就好比亚历山大的伟大远不止于建立地跨欧、亚、非的大帝国一样，理查德·丹尼斯的"海龟计划"使得目前世界排名前十的 CTA 基金经理有六位是其门徒。"海龟交易法"从此名扬天下，纵横寰球数十载，今天中国内地也刮起了一股"海龟交易法"的超级风暴。其实，"海龟交易法"的核心在于两点：一是"周规则"蕴含的趋势交易思想；二是资金管理和风险控制中蕴含的机械和系统交易思想。所谓"周规则"（Weeks' Rules），简单而言就是价格突破 N 周内高点做多（低点做空）的简单规则，"突破而作"（Trading as Breaking）彰显的就是趋势跟踪交易（Trend Following Trading）。深入下去，"周规则"其实是一个交易系统，其中首先体现了"系统交易"（Systematic Trading）的原则，其次体现了"机械交易"（Mechanical Trading）的原则。对于这两个原则，我们暂不深入，让我们看看更令人惊奇的事实。

巴菲特（Warren Buffett）和索罗斯（Georgy Soros）是基本面交易（Fundamental Investment & Speculation）的最伟大代表，前者 2007 年再次登上首富的宝座，能够时隔

多年后再次登榜，实力自不待言，后者则被誉为"全世界唯一拥有独立外交政策的平民"，两位大师能够"登榜首"和"上尊号"基本上都源于他们的巨额财富。从根本上讲，是卓越的金融投资才能使得他们能够"坐拥天下"。巴菲特刚踏入投资大门就被信息论巨擘认定是未来的世界首富，因为这位学界巨擘认为巴菲特对概率论的实践实在是无人能出其右，巴菲特的妻子更是将巴菲特的投资秘诀和盘托出，其中不难看出巴菲特系统交易思维的"强悍"程度。套用一句时下流行的口头禅"很好很强大"，恐怕连那些以定量著称的技术投机客都要俯首称臣。巴菲特自称85%的思想受传于本杰明·格雷厄姆的教诲，而此君则是一个以会计精算式思维进行投资的代表，其中需要的概率性思维和系统性思维不需多言便可以看出"九分"！巴菲特精于桥牌，比尔·盖茨是其搭档，桥牌游戏需要的是严密的概率思维，也就是系统思维，怪不得巴菲特首先在牌桌上征服了信息论巨擘，随后征服了整个金融界。以此看来，巴菲特在金融王国的"加冕"早在桥牌游戏中就已经显出端倪！

索罗斯的著作一大箩筐，以《金融炼金术》最为出名，其中他尝试构建一个投机的系统。他师承卡尔·波普和哈耶克，两人都认为人的认知天生存在缺陷，所以索罗斯认为情绪和有限理性导致了市场的"盛衰周期"（Boom and Burst Cycles），而要成为一个伟大的交易者则需要避免受到此种缺陷的影响，并且进而利用这些波动。索罗斯力图构建一个系统的交易框架，其中以卡尔·波普的哲学和哈耶克的经济学思想为基础，"反身性"是这个系统的核心所在。

还可以举出太多以系统交易和机械交易为原则的金融大师们，比如伯恩斯坦（短线交易大师）、比尔·威廉姆（混沌交易大师）等，太多了，实在无法一一述及。

那么，从抽象的角度来讲，我们为什么要迈向系统交易和机械交易的道路呢？请让我们给你几条显而易见的理由吧。

第一，人的认知和行为极易受到市场和参与群体的影响，当你处于其中超过5分钟时，你将受到环境的催眠，此后你的决策将受到非理性因素的影响，你的行为将被外界接管。而机械交易和系统交易可以极大地避免这种情况的发生。

第二，任何交易都是由行情分析和仓位管理构成的，其中涉及的不仅是进场，还涉及出场，而出场则涉及盈利状态下的出场和亏损状态下的出场，进场和出场之间还涉及加仓和减仓等问题。此外，上述操作还都涉及多次决策，在短线交易中更是如此。复杂和高频率的决策任务使得带有情绪且精力有限的人脑无法胜任。疲劳和焦虑下的决策会导致失误，对此想必每个外汇和黄金短线客都是深有体会的。系统交易和机械交易可以流程化地反复管理这些过程，省去了不少人力成本。

　　第三，人的决策行为随意性较强，更为重要的是每次交易中使用的策略都有某种程度上的不一致，这使得绩效很难评价，因为不清楚 N 次交易中特定因素的作用到底如何。由于交易绩效很难评价，所以也就谈不上提高。这也是国内很多炒股者十年无长进的根本原因。任何交易技术和策略的评价都要基于足够多的交易样本，而随意决策下的交易则无法做到这一点，因为每次交易其实都运用了存在某些差异的策略，样本实际上来自不同的总体，无法用于统计分析。而机械交易和系统交易由于每次使用的策略一致，这样得到的样本也能用于绩效统计，所以很快就能发现问题。比如，一个交易者很可能在 1，2，3，…，21 次交易中，混杂使用了 A、B、C、D 四种策略，21 次交易下来，他无法对四种策略的效率做出有效评价，因为这 21 次交易中四种策略的使用程度并不一致。而机械交易和系统交易则完全可以解决这一问题。所以，要想客观评价交易策略的绩效，更快提高交易水平，应该以系统交易和机械交易为原则。

　　第四，目前金融市场飞速发展，股票、外汇、黄金、商品期货、股指期货、利率期货，还有期权等品种不断翻出新花样，这使得交易机会大量涌现，如果仅仅依靠人的随机决策能力来把握市场机会无异于杯水车薪。而且大型基金的不断涌现，使得单靠基金经理临场判断的压力和风险大大提高。机械交易和系统交易借助编程技术"上位"已成为这个时代的既定趋势。况且，期权类衍生品根本离不开系统交易和机械交易，因为其中牵涉大量的数理模型运用，靠人工是应付不了的。

　　中国人相信人脑胜过电脑，这绝对没有错，但也不完全对。毕竟人脑的功能在于创造性解决新问题，而且人脑的特点还在于容易受到情绪和经验的影响。在现代的金融交易中，交易者的主要作用不是盯盘和执行交易，这些都是交易系统的责任，交易者的主要作用是设计交易系统，定期统计交易系统的绩效，并做出改进。这一流程利用了人的创造性和机器的一致性。交易者的成功，离不开灵机一动，也离不开严守纪律。当交易者参与交易执行时，纪律成了最大问题；当既有交易系统让后来者放弃思考时，创新成了最大问题。但是，如果让交易者和交易系统各司其职，则需要的仅仅是从市场中提取利润！

　　作为内地最早倡导机械交易和系统交易的理念提供商（Trading Ideas Provider），希望我们策划出版的书籍能够为你带来最快的进步。当然，金融市场没有白拿的利润，长期的生存不可能夹杂任何的侥幸，请一定努力！高超的技能、完善的心智、卓越的眼光、坚韧的意志、广博的知识，这些都是一个至高无上的交易者应该具备的素质。请允许我们助你跻身于这个世纪最伟大的交易者行列！

Introduction   Secret to Become a Great Trader!

◇ Greatness does not derive from mere luck!

◇ The reason that an ordinary man fails is that he hopes to achieve different outcome using the same old way!

◇ There would not be so plenty fake truths if it was an easy thing to distinguish correct sayings from incorrect ones.

Financial trading is the freest occupation in the world, for every trader can develop a set of profit –making methods tailored exclusively for himself. There are various specific methods of soliciting money from market; while this is the very reason that why financial market is so fascinating. However, just like the ever–changing world is indeed dictated by a few rules, the only "Holy Grail" is worshipped by numerous great traders as well. In the following, we will examine the greatest representatives among them one by one.

As a representative of Techincal Trading, Richard Dannis is known worldwide. He has accumulated a profit as staggering as 1 billion dollar while the cost was merely 2000 bucks! He has been a trader for more than a decade. The inspiring thing about him is that he conducted commodity futures trading with a technical analysis method which in essence is price acting as the core of such analysis. Nevertheless, the greatness of Richard Dannis is far beyond this which is like the greatness of Alexander was more than the great empire across both Europe and Asia built by him. Thanks to his "Turtle Plan", 6 out of the world top 10 CTA fund managers are his adherents. And the Turtle Trading Method is frantically well–known ever since for a couple of decades. Today in mainland China, a storm of "Turtle Trading Method" is sweeping across the entire country. The core of Turtle Trading Method lies in two factors: first, the philosophy of trendy trading implied in "Weeks' Rules"; second, the philosophy of mechanical trading and systematic trading implied in fund manage-

ment and risk control. The so-called "Weeks' Rules" can be simplified as simples rules that going long at high and short at low within N weeks since price breakthrough. While Trading as breaking illustrates trend following trading. If we go deeper, we will find that "Weeks' Rules" is a trading system in nature. It tells us the principle of systematic trading and the principle of mechanical trading. Well, let's just put these two principles aside and look at some amazing facts in the first place.

The greatest representatives of fundamental investment and speculation are undoubtedly Warren Buffett and George Soros. The former claimed the title of richest man in the world in 2007 again. You can imagine how powerful he is; the latter is accredited as "the only civilian who has independent diplomatic policies in the world". The two masters win these glamorous titles because of their possession of enormous wealth. In essence, it is due to unparalleled financial trading that makes them admired by the whole world. fresh with his feet in the field of investment, Buffett was regarded by the guru of Information Theory as the richest man in the future world for this guru considered that the practice by Buffett of Probability Theory is unparallel by anyone; Buffett' wife even made his investment secrets public. It is not hard to see that the trading system of Buffett is really powerful that even those technical speculators famous for quantity theory have to bow before him. Buffet said himself that 85% of his ideas are inherited from Benjamin Graham who is a representative of investing in a accountant's actuarial method which requires probability and systematic thinking. The interesting thing is that Buffett is a good player of bridge and his partner is Bill Gates! Playing bridge requires mentality of strict probability which is systematic thinking, no wonder that Buffett conquered the guru of Information Theory on bridge table and then conquered the whole financial world. From these facts we can see that even in his early plays of bridge, Buffett had shown his ambition to become king of the financial world.

Soros has written a large bucket of books among which the most famous is *The Alchemy of Finance*. In this book he tried to build a system of speculation. His teachers are Karl Popper and Hayek. The two thought that human perception has some inherent flaws, so their students Soros consequently deems that emotion and limited rationality lead to "Boom and Burst Cycles" of market; while if a man wants to become a great trader, he must overcome influences of such flaws and furthermore take advantage of them. Soros tried to build a systematic framework for trading based on economic ideas of Hayek and philosophic thoughts of

Karl Popper. Reflexivity is the very core of this system.

I may still tell you so many financial gurus taking systematic trading and mechanical trading as their principles, for instance, Bernstein (master of short line trading), Bill Williams (master of Chaos Trading), etc. Too many. Let's just forget about them.

Well, from the abstract perspective, why shall we take the road to systematic trading and mechanical trading? Please let me show you some very obvious reasons.

First. A man's perception and action are easily affected by market and participating groups. When you are staying in market or a group for more than 5 minutes, you will be hypnotized by ambient setting and ever since that your decisions will be affected by irrational elements.

Second. Any trading is composed of situation analysis and account management. It involves not only entrance but exit which may be either exit at profit or exit at a loss, and there are problems such as selling out and buying in. all these require multiple decision–makings, particularly in short line trading. Complicated and frequent decision–making is beyond the average brain of emotional and busy people. I bet every short line player of forex or gold knows it well that decision–making in fatigue and anxiety usually leads to failure. Well, systematic trading and machanical trading are able to manage these procedures repeatedly in a process and thus can save lots of time and energy.

Third. People make decisions in a quite casual manner. A more important factor is that people use different strategies in varying degrees in trading. This makes it difficult to evaluate the performance of such trading because in that way you will not know how much a specific factor plays in the N tradings. And the player can not improve his skills consequently. This is the very reason that many domestic retail investors make no progress at all for many years. Evaluation of trading techniques and strategies shall be based on plenty enough trading samples while it's simply impossible for tradings casually made for every trading adopts a variant strategy and samples accordingly derive from a different totality which can not be used for calculating and analysis. On the contrary, systematic trading and mechanical trading adopt the same strategy every time so they have applicable samples for performance evaluation and it's easier to pinpoint problems, for instance, a player may in first, second ... twenty–first tradings used strategies A, B, C, D. He himself could not make effective evaluation of each strategy for he used them in varying degrees in these tradings, but systematic

trading and mechanical trading can shoot this trouble completely. Therefore, if you want to evaluate your trading strategies rationally and make quicker progress, you have to take systematic trading and mechanical trading as principles.

Fourth. Currently the financial market is developing at a staggering speed. Stock, forex, gold, commodity, index futures, interest rate futures, options, etc, everything new is coming out. So many opportunities! Well, if we just rely on human mind in grasping these opportunities, it is absolutely not enough. The emergence of large-scale funds makes the risk of personal judgment of fund managers pretty high. Take it easy, anyway, because we now have mechanical trading and systematic trading which has become an irrevocable trend of this age. Furthermore, derivatives such as options can not live without systematic trading and mechanical trading for it involves usage of large amount of mathematic and physical models which are simply beyond the reach of human strength.

Chinese people believe that human mind is superior to computer. Well, this is not wrong, but it is not completely right either. The greatness of human mind is its creativity; while its weakness is that it's vulnerable to emotion and past experiences. In modern financial trading, the main function of a trader is not looking at the board and executing deals—these are the responsibilities of the trading system—instead, his main function is to design the trading system and examine the performance of it and make according improvements. This process unifies human creativity and mechanical uniformity. The success of a trader is derived from tow factors: smart idea and discipline. When the trader is executing deals, discipline becomes a problem; when existing trading system makes newcomers give up thinking, creativity becomes dead. If, we let the trader and the trading system do their respective jobs well, what we need to do is soliciting profit from market only!

As the earliest Trading Ideas Provider who advocates mechanical trading and systematic trading in the mainland, we hope that our books will bring real progress to you. Of course, there is no free lunch. Long-term existence does not merely rely on luck. Please make some efforts! Superb skill, perfect mind, excellent eyesight, strong will, rich knowledge—all these are merits that a great trader shall have to command. Finally, please allow us to help you squeeze into the queue of the greatest traders of this century!

目　录

上。任何主力，无论是庄家还是机构，无论是游资还是内幕人士，他们的踪迹都会体现在成交量上面。他们的动作必然无法完全隐藏和掩盖起来，大笔成交就是他们的马脚。

在趋势交易、波段交易和动量交易三者中，趋势交易最为重视离场；不懂离场，趋势交易就掌握不了。对于动量交易而言，离场的重要性与进场差不多，甚至有部分业绩优秀的 A 股打板交易者告诉我：买对了，卖就容易了。

被场内交易者故意触发止损单的现象在许多金融市场非常普遍。心理止损可以隐藏自己的"底牌"。

没有大资金参与的题材，是没有投机价值的题材。通过盘面来筛选题材。记住，驱动行情的不是事件，而是资金，事件是一个可以为资金借力的条件而已。

盘口解读入门

投机客记住两个关键词：预期和筹码！

——魏强斌

　　股票交易者对于更加清晰明确的盘口解读方法存在广泛的需求，或说对即时的成交明细解读存在巨大的需求，他们希望能够获得这方面的详细指导。

　　现在越来越多的股票交易者认识到当下的市场走势或者说盘口是接下来走势的预测指标。也就是说，股价走势本身就是未来股价走势的风向标，这一指标或者说风向标体现在盘口的成交明细上。

　　因此，对于那些能够解读逐笔成交明细的人而言，他们相当于具备了相对普通市场参与者的一项显著优势。

　　这一观点是有充分证据支持的。众所周知，现在许多顶尖交易者都是以盘口解读者（Tape Readers）开始职业生涯的，他们最初以几百美元的资本进行小规模交易。这些人当中最为出色和著名的一位是乔·曼宁（Joe Manning），他是纽约股票交易所（New York Stock Exchange）的场内交易者。

　　我的一位朋友曾经吐露了一些鲜为人知的东西："乔和我过去经常在一起交易，那时候我们的操作规模都在 10 股。他此前也不过是个普通得不能再普通的交易者，如同我一样。那时，我们常常操作同一只股票。"

那个时代，美国第一家 10 亿美元的公司才出现。所以，10 万美元在当时是一笔巨额资金，相当于现在 1 亿美元。

"为什么"一词开启了成为顶尖高手的第一步！提问打破了僵局，让我们的见识和格局到了一个更高的一个层面。高手到底做了什么不同的事情，导致了不同于一般人的结果呢？

短线挣快钱，长线挣大钱。日内交易，容量有限。

市场的语言只存在于交易者的主观解读之中。一千个人，有一千种哈姆雷特。艺术解读可谓仁者见仁智者见智，但是市场解读却导致绩效上的天差地别之分。

大危之中，方有大机！金融市场在大危机中会奖励那些明白经济规律的人，奖励那些遵循经济规律的人。负债致富并非永恒的真理，执迷于此的人最终会被彻底清算！

当他说出这番话的时候，他仍旧是一位每次交易 10 股的普通交易者，而我也碰巧得知乔当时的银行账户情况，他的可用余额大概有 10 万美元。他能够获得如此大的成就，部分程度上得益于他解读盘口的能力，他懂得盘口语言（The Language of the Tape）。

为什么交易群体中的少数人能够出类拔萃，从金融市场上赚取巨额财富，而剩下的人却所获甚少，甚至亏损累累呢？

踏入这个市场的参与者其实基本上是站在同一起跑线上的，他们在资本规模相差无几，他们面临同样的机遇。潜在的利润存在于市场之中，谁挣得这份利润，并没有一来就被注定。

输赢结果取决于是否具有胜任交易的心智状态。成功的交易者们都具有适应市场竞争需要的心智条件，而其他人则缺乏或者根本没有这些条件。当然，除此之外也离不开运气的成分。但是，在曼宁的例子当中，运气不足以完全解释他的持续成功，他从一个日内交易者成长为了持仓数年的长线交易者。

著名的股票大作手杰西·利弗摩尔（Jesse Livermore）总是基于盘口语言进行操作，市场告诉他怎么操作，他就怎么操作。早年的时候，他会在收盘之前清空头寸，那时他是一位当日冲销的交易者。他在办公室里面做交易，支付着正常的佣金水平，胜算率在 60% 左右。

当他靠着日内交易赚到足够财富之后，便开始投资债券，并且将一部分资金交给妻子保管。他预见到了 1907 年的"大恐慌"，于是将自己价值 1.3 万美元的轿车抵押，贷款了 5000 美元，投入到股市做空交易之中，**在操作中利用浮动盈利不断加码做空。**

在这轮"大恐慌"当中，有一次他曾经做空了 7 万股的联合太平洋铁路公司（Union Pacific）。**他在一个极度恐慌日回补了空头头寸**，仅是这笔交易就给他带来了百万美元的净利润。

对于金融交易者而言，何谓恰当的心理条件呢？限制亏

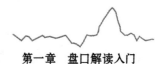
损能力、确认趋势能力、执行一些职业交易者的操作等，这些并不是全部，光是具备这些能力还不足以胜任金融交易这项颇具挑战性的职业。

　　在我看来，一位成功的交易者需要如下积极或者说主导性的品质才能从市场的残酷竞争中脱颖而出。他能够在交易开始之前让自己处于正确而恰当的心理状态之中；他能够控制自己的恐惧、焦虑、兴奋和冲动；他需要学会遵从盘口的指示，盘口是真正的老师。

　　上述这些能力或者说品质都是非常重要的，对于交易者而言其重要程度不逊于我们的天生本能。在大自然生存靠先天本能，在金融市场生存则要靠这些能力和品质。其中，盘口解读是最为重要的，你可以称它为"交易中的第六感"。

　　一些人天生就是音乐家，而另外一些人则缺乏这种天赋，但是他们努力进取，通过刻意练习最终成了艺术大师。

　　雅克布·菲尔德（Jacob Field）则是另外一位盘口解读大师。当他开始在华尔街的职业生涯时，大家都称他为"杰基"（Jakey）。此君以出众的盘口解读能力和趋势跟随能力扬名于华尔街。他的盘口解读能力无疑是天生的，而经历则证实和提高了这一能力。

　　我要介绍的第三位盘口解读大神级人物是詹姆斯·R. 基恩（James R. Keene），尽管他作为一个机构或者大庄家操盘手有非常大的名气，但是不能掩盖他作为一名出色盘口解读者的光辉与荣耀。

　　基恩在解读盘口的时候非常认真，他专注于与此，强度之大，以至于他处于出神的状态。**他对价格、成交量和波动率的研究已经仔细到了不可想象的最小细节程度。完成上述研究之后，他还觉得不够，于是打电话给股票交易所的场内经纪人，以便进一步确认市场买卖的关键特征，有了这些辅助信息的确认之后，他才会作最终判断，并且进场买卖。**

　　到他去世时，基恩先生已经位列盘口解读名人堂的最高阶。这充分地表明他此前花在盘口解读上的巨大功夫是没有

　　日内交易者有其独特的成功条件，因此不能用来套在其他类型交易者身上。

　　最伟大的人都不是单纯依靠天赋，天赋在一个人的整个成长过程中不一定扮演积极的角色。早年的 J. Livermore 能够成为一个伟大的盘口解读者，很大程度上源于他坚持记录盘口和复盘的习惯，当时有几个人有投入了这么多的心血到数据整理和分析之中？

　　如果说成功有一个秘诀的话，那就是专注一个领域，成为这个领域的顶级专家和实践者。不断打磨和迭代你专注领域的模型，成为最先进有效模型的唯一拥有者！

白费的。

或许你会争辩说："是的，你说的有道理。但成功的盘口解读者毕竟是极少数。普通的交易者，无论男女，很少能够成功地解读盘口，并且因此而获得利润。"

这种说法当然没有错。大多数交易者在交易中是失败者！其实在任何领域当中都是这样的情况，胜利是属于少数人的专利，无论是在股票交易、商业，甚至任何兴趣爱好莫不如此。要想在日内交易上成功，就必须付出经年的艰苦努力，以及全神贯注与此，心无旁骛方能成功！

总而言之，成功解读盘口要求一个交易者倾注全部心血到盘口之中，大量的时间和精力要投入其中。这意味着他是全职交易者，没有其他任何生意或者职业。

"一仆无法同时侍奉两个主人"，而盘口就是一个"主人"。一个交易者如果不去关注盘口走势，或者是企图依靠经纪人和晚饭后的报纸来了解收盘情况，那肯定是无法成为一个成功盘口解读者的。同样，他也无法从电话的另一端研究这门艺术。

要想成为一个优秀的盘口解读者每周至少需要花费 27 个小时来观察盘口，还需要更多时间来分析和研究自己的错误，找到亏损的根本原因。

倘若盘口解读是一门精密的科学，那么一个交易者就应该综合判断相关因素，得出合理结论，然后据此进行操作。但是，驱动市场的因素是难以计量的，数目太多，要想用一个公式来涵盖所有这些因素是不可能的，这样的做法是徒劳无功的。

不过，这并非说盘口解读不存在一些有用的规律和模式。随着我们解析的深入展开，会介绍一些成功交易者揭示的东西，这些秘诀和策略此前不为人知，因此我们应该感谢这些心胸开阔的成功交易者，感谢他们愿意分享这些独家经验和个人秘密。

那么，盘口解读究竟是什么呢？

世上就怕认真二字。用功不用心的人占了绝大部分，当然也就是输家占了绝大部分。资源是稀缺的，为什么是你拥有了高于平均水平的资源，因为你具有某种竞争力，这种竞争力或许是结构性的，比如阶层或者是祖辈给予的，也可能是自己培育出来的。后面这种情况就靠认真。世上认真的人其实极少，大部分是混日子的。热忱而专注的人才是人中龙凤，自然也就配得上更多的资源。

Python 等编程语言能否完成威科夫这里认为不可能的任务吗？收集数据的成本远远大于处理数据的成本，这是大数据面临的最大问题之一。

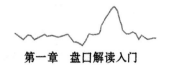

要想回答这个问题，最好的方式是从考虑什么不是盘口解读开始。

盘口解读不仅仅是盯着盘口进而判断价格接下来将怎么运动。

盘口解读不是阅读新闻，然后据此买卖股票。

盘口解读不是简单根据传闻或者他人的意见，以及任何消息进行买卖。

盘口解读不是因为股价看起来强势而买入，也不是因为股价看起来弱势而卖出。

盘口解读不是基于图形指标或者其他机械策略进行操作。

盘口解读与买在低点，卖在高点的说法也不同。

盘口解读也不是毫无章法和冲动行事者的典型做法。

站在资深交易者的角度来看，盘口解读是一门根据盘口数据和专业经验确认股价短时间变动趋势的科学。简单来讲，盘口解读是一种短期股价的预判方法，也就是根据当下盘口的状态推断出不久将来的股价波动。

盘口解读需要大量的经验积累，量变导致质变。经过足够的积累之后，盘口解读者能够较为准确地判断出个股的筹码分布和运动状态、个股处于筹码吸纳还是派发阶段、股价处于低位还是高位、该股是否具备上涨潜力、大众是否忽略了该股的上涨潜力等。

盘口解读就是要从分时成交当中寻找判断依据，从不断变化的市场走势中找出有价值的新信息。这要求解读者有足够的经验，高效的判断由此做出，最终形成结论，并据此结论进行准确而果断的操作。

盘口信息体现了个股，乃至整个股市在短期内的供求关系，以及各个博弈主体的动向和力量对比。

一个日内交易者就好比一个百货商场的经理。他进入办公室后，面对各个部门递交的各种报告，首先需要形成一个总体的认识——整个公司的整体经营如何，接着需要对具体商品门类的销售情况进行解读，特别是那些最强或者最弱

大笔成交，天量和地量都对筹码分析有很大的帮助。成交明细太多，怎么看？需要抓住重点，重点要看大笔成交，围绕这个去琢磨。投机需要把握预期和筹码两个要素。筹码分析怎么落地？大家先开动脑筋思考一下。

大盘持续下跌之后处于横盘整理阶段，但是对新利空反映钝化，不再继续破位下跌，或是在向下破位后迅速拉起。成交量萎靡不振，个股交投不活跃，这些盘口信息说明什么？大家可以结合 2015 年大底构筑时的盘口信息来理解这段解读。

的品类。

如果某种品类的商品最近经常出现供不应求的情况，那么企业就会加大这类商品的供货量；如果企业发现某种品类的商品最近经常出现供过于求的情况，那么企业就会降价促销，同时减少供货量。

一个整天身处人群中的场内交易者则好像某家百货商场的部门经理。他对于自己负责品类的销售情况了如指掌，对于这类商品的销售情况掌握得最为及时，远超其他人。但是，他对整个商场内的销售情况却不太了解。因此，他也不太清楚自己负责品类相对其他品类的销量是强劲还是虚弱。

这样的场内交易者或许正在做多联合太平洋铁路，而该股也处于显著的上涨态势之中。接下来，另外一只重要股票瞬间大跌，拖累了联合太平洋铁路的股价，先前乐观的人气一下子就涣散了。这位场内交易者不得不夺路而逃，与其他持仓者争先恐后地卖出。

对于盘口解读者而言，他们会一直坚守在行情报价机旁边，他们鸟瞰全局。任何板块出现走弱迹象后，他们会很快注意到这一苗头，权衡考量，最终根据判断操作。

盘口解读者还具备另外一个优势：盘口会领先消息发布数分钟、数小时、数天告诉我们一切；**盘口会在题材刚刚兴起，还未成为焦点之前提醒我们注意。** 盘口透露一些事件，从国外战争到分红取消，从最高法庭的裁决到棉籽象鼻虫的肆虐，这些事件的影响都会体现在盘口的波动之中。一切事情都会在盘口走势上留下蛛丝马迹。

内幕人士或许先于大众提前知道了某家上市公司的分红比率从6%提高到了10%，当他买入时必然会在盘口上留下"手印"，这就是吸纳筹码的一些特征。另外，如果某位投资者卖出某只股票100股，那么这一切也会体现在盘口数据上。

股市就如同一个转动的轮子。这个轮子可以朝前转动，也可以朝后转动，还可以停止不动。轮子上面有许多轮轴，轮子怎么转、转多快，取决于这些轮轴的综合受力方向。即

因势利导，高手之道！

盘口体现的都是对驱动面的预期，而非驱动面本身，当预期与事实不符合时，价格修正不可避免。2015年开始的A股牛市中，中国中车体现了某种预期，但是后来基本面的发展表明预期大部分落空，因此股价大幅修正不可避免。

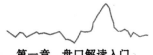

便驱动力消失了，市场仍旧会在惯性的驱使下继续转动一会儿。

交易者们不应该因为金融市场存在的操纵（Manipulation）因素而感到沮丧。**市场的操纵者们都是资金雄厚者，他们的行动其实提供了一些获利良机。**

善于解读盘口的交易者能够在市场操纵者们行动的时候发现蛛丝马迹。**股价的大幅波动和成交量显著放大，都是大操纵者们留下的踪迹。**

资金规模较小的交易者具有更大的灵活性，他们可以机动灵活地出击个股，哪里有机会就到哪里去。但这类交易者需要意识到一个重要现实，那就是主力不会轻易发动行情，**因此需要对潜在个股进行甄别，选出那些具有大机会的个股。**

另外，盘口解读者与所谓的长期投资者比起来，也有一些独特的优势；盘口解读者通常会很注意保护自己的本金，他们会为交易设定恰当的止损，以避免遭受大量的亏损；意外事件带来的冲击不会对他们的本金造成严重的亏损；他们会审时度势，不会死守头寸，当势头确认变化后，他们会迅速调整操作方向和策略；**如果他们已有头寸表现不错，确认了趋势在延续或者增强，那么他们会及时加码跟进，让利润像滚雪球一样迅速扩大。**

那些解读盘口的成功日内交易者是不会留下隔夜仓的，因为收盘后到开盘前这段时间没有任何盘口信息可以获得。只有在有盘口信息指导的时候，这类交易者才知道应该如何操作。隔夜发生的任何事件都可能对次日股票股价走势造成影响，而这种影响是很难预测的，因此盘口解读者喜欢在市场休息的时候休息，保持空仓，静待开盘。如果交易者利用了融资服务开展保证金交易，那么日内交易也可以减少融资利息的支付。

善于解读盘口的日内交易者（以下简称盘口解读者或解盘交易者）就像一个贩卖水果的商人。每天一大早他会根据预期的市场需求挑选那些当日最好卖的果品。他用现金买入

> 在股票投机方面，我曾经设计过一个选股程序，选出N天内的连续三个涨停板个股。然后，我会在这个股票池里面进一步筛选可以操作的个股。连续三板涨停的个股属于大幅波动的个股，其背后大多数有大资金参与。

> 盈利后加码让人恐惧，不过这种恐惧需要克服，否则同一波行情，绩效相差十万八千里。

> 开盘缺口的预测很能体现一个交易者对于信息影响力的预判能力。美国出现利空因素，而我国国内经济向好，那么A股就很可能低开高走。大家可以自己动脑思考归纳一下大盘指数各种开盘缺口对应的消息性质。

后，然后当日顺利卖出，利润往往相当于成本的一半甚至100%。如果持有水果过夜，那么就容易遭受变质腐烂的损失，这就相当于经纪商对交易者收取了融资费用。

一个聪明的水果商人明白季节和时机的重要性，所以他们会考虑在什么时候买什么果品；同时，他们还知道地点的重要性，所以他们会考虑应该到何处去买入，何处卖出。如果天气不佳，暴风雨来临了，那么这时候去露天场所卖水果是不明智的选择。有些时段，购买者很少，还有一些时候执法的市场管理者会找他的麻烦。一些地方过于拥挤，不适合摆摊设点，否则会被粗心大意的行人撞翻。总之，所有这些不可预测的情形其实都是生意、人生和交易的一部分。

上述这些麻烦会频繁地出现在华尔街解盘交易者的面前。如果他投入了 100 美元买入股票，预期利润目标为 200 美元，市场上涨时他的头寸处于有利位置。不过，好景不长，很快市场就拐头向下了，这个时候他就慌了神了，最终他不得不止损离场。接下来，市场的活跃程度极大地下降了，毫无交易机会。

解盘交易者们有时候会遭遇连续亏损，等到机会来临时，他们已经缺乏足够的资金来参与了；**有时候他们从盘口上解读出了一个良机，不过随后的突然事件却将这个计划跌破了；**过度频繁交易或者重大的判断失误又缺乏保护措施导致了本金的巨大亏损。

不切实际的利润目标会招来无妄之灾。一个水果商人以 3 美元的价格买入一箱苹果，那么他肯定不会指望这箱苹果能够带来 300 美元的暴利。不过，如果他每天都能挣到 3 美元就不错了。稳定而确定的利润，虽然不多，但是积累下来却是十分惊人的。

盘口解读者或者说解盘交易者的目标与此类似，那就是获取恰当的利润。一个月交易下来，他赚了 4000 美元，亏了 3000 美元，算下来净利润为 1000 美元。

如果这个解盘交易者的交易规模是 100 股，并且能够将

日内高频交易者需不需要了解驱动面/基本面？需不需要了解市场情绪和头寸分布？

复利原理发挥积极作用的关键在于稳定的正收益率。

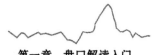

上述利润率水平维持一年，那么他只需要逐步增加交易规模，从 200 股到 500 股，甚至更多，就能做到巨大的盈利水平。

起始资金和头寸规模并非问题的关键，更为重要的问题是除去损失和佣金之后，你的净利润是否为正呢？如果你能够做到净利润持续为正，那么证明你已经掌握了盘口解读的高超技术了。

如果你每日盈亏平衡，或者是亏损极小，那么恭喜你，你已经接近掌握这一技术了。

解盘交易者不会听信各类毫无根据的小道消息，他们严格遵守一套经过严格测试的交易策略和方法。这类策略和方法都是常年完善和提高得到的，已经成了他们的本能。

持续的实践和积累，使得他们已经形成了某种能够在市场中生存下去的思维模式。这套有效的模式能够引导他们在金融市场的大风大浪中幸存。丰富的实践造就了盘口解读者出众的预判能力，这种能力建立在逻辑和理性的基础上。

那么，解盘交易者与冲动投机客的区别是什么呢？后者属于冲动型交易，**看见一点可能的利润，不在乎胜算率和风险报酬率就扑上去。**任何一则毫无根据的小道消息或者建议就会促使他们进场买卖。

解盘交易者则年复一年，日复一日，认真而略显机械地记录下重要数据，在此基础上进行分析和决策。他们已经进化成了一台交易机器。整个过程毫无激情，任何情绪都在理性的掌控之下，恐惧和贪婪都无法渗透到这一过程。执行交易后，他们会坦然地接受结果，无论是亏损还是盈利。贯穿整个交易的心理状态就是理性和客观，以及从容淡定。

冒失的超短交易者，或者说刮头皮交易者（Scalper）就好比一台没有减震缓冲装置的汽车，任何一点障碍都会让这辆车跳起来，车窗都快被抖散了，左摇右晃地行驶，很容易撞上对面开过来的汽车。

鲜明对比之下，解盘交易者则像一辆平稳运行的列车，盘口提供了铁轨，市场提供了动力，任何其他因素都无法干

交易规模、稳定性和报酬率存在不可能三角。也就是说，只能提高其中两个因素：如果交易规模上去了，报酬率也要维持在高位，那么稳定性就会下降；交易规模大了，要么降低回报率，维持稳定性，要么降低稳定性，维持回报率。

驱动面/基本面分析有没有用？这个问题其实意义不大。真相是毫无逻辑和系统性地看新闻和消息，并据此采取行动，这绝非驱动面/基本面分析。听消息，看新闻，与基本面分析完全是两码事。自己下功夫不够，不全面系统，就不能怪罪于基本面分析本身。

交易系统需要变异和迭代，这是对长期而言。对中短期而言，则需要保持稳定性和一致性。变异和复制对于进化而言都是重要的，缺一不可。编程是变异，运用是复制。

扰到它朝着目标前行。

现在，我已经描述了成功盘口解读者的一般特征。现在，我们进一步深入下去，介绍一下成功解读盘口需要的一些前提条件和准备。

第一，一个成功的解盘交易者必须做到独立自主，决策和行动都要自立。如果一个人缺乏独立思考的能力，自己也不敢拿主意，那么就容易受到外界的干扰和影响，鲁莽或者犹豫就会紧随而至。这样的人由于长期依赖他人的建议代替自己的决策，最终已经完全丧失了独立研判行情的能力。

第二，一个成功的解决盘交易者必须熟悉市场的运行机制，任何驱动因素都应该尽量考虑进去。要熟悉自己参与股票的历史业绩和财务情况；**要熟悉主力吸纳筹码和派发筹码的策略**；要熟悉具体市况的特征，具体来讲就是牛市、熊市和横盘市等；**会权衡各类消息的市场影响；能够判断风格转换，会选择恰当的板块；能够洞察主力参与者的意图和动向**；知道止损离场和兑现利润的时机等。

一个成功的解盘交易者还应该了解大盘和个股所处的阶段、股价的相对强弱、股价波动的驱动逻辑、大盘的转折点位和典型市场参与者的心态等。

一个成功的解盘交易者还能够拿出勇气面对失败和逆境，坚持下去，同时还要避免情绪化交易，冷静从容是任何情况下的良好状态。

一个成功的解盘交易者应该尽可能地与外界保持距离，这样才能全神贯注，避免身处喧嚣中的浮躁，避免市场流言和小道传闻的干扰。找一个单独的房间，一张桌子，一台行情报价机，一部与经纪人办公室相连的电话，这就够了。

交易的成功有赖于一种心态的平衡，任何外界的干扰因素都会打破这种平衡，进而破坏掉有效判断的基础和前提。

或许有交易者会自信地认为没有什么可以干扰到我的分析和决策。但是，如果你熟悉且敬佩某个权威人士对市场的观点由空头转为多头，认为应该买入股票了，那么你就很容

金融市场是少数人赚多数人的钱。多数人的一致预期是什么，那么行情就不会那样走；筹码集中在多数人手里，那么行情就不会让这些筹码获利。投机客要记住两个关键词：预期和筹码！

主力怎么玩不仅仅取决于主力自身，更取决于个股和市场本身的特征。投机，除了分散资金，及时离场之外，重要的是洞悉市场主流资金在想什么。如何做到？你可以问自己一个问题，假如自己是主力面对这样的驱动面和筹码分布，会怎么行动？

多用空间来创造从容淡定，而不是靠"心理斗争"来达到从容淡定。从容淡定要么是因为自己实力足够强大，要么是因为自己欲望足够低，要么是因为注意力被外界或者空间转移了。

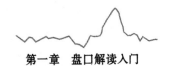

易下意识受到影响。一旦你失去了独立判断，那么也就失去了机会，撞上了危险。无论怎样，最终你会失去对市场波动节奏的感觉，一团乱麻。简而言之，**放松且专注是交易者保持良好状态的关键前提。**

部分人认为解盘交易者的办公室也应该开辟渠道获得一些市场消息和传言。对于这种观点我持有保留态度。广为流传的消息和传言其实早就体现在了盘口走势上，而且这种"贴现"是恰如其分的。盘口不仅"贴现"了已经发生的事情和流传的消息，而且还能指示出未来的市场走向。盘口解读就是预判未来，顺势而为，从中渔利，而不是当马后炮，消极跟随大众。

新闻的影响力是一个完全不同的主题，与听消息是两回事。我们要关注大盘的技术强弱，同时还要注意具体板块股票在面对重要新闻时的反应。另外，就目前的情况而言，在考虑新闻的影响力时应该更加注重其标题，而非其具体的内容。

我们会在本书中推演和提炼出一种实用的股票分析和交易策略，这套策略可以用在日常交易实践当中，无论交易者的具体水平如何，都能从中获得有价值的启发，进而得到帮助，这也是我写这本手册的目的。

我们在盘口解读中应该考虑到所有至关重要的市场影响因素，如同市场专家采取的分析方法。为了更加清晰地描述这种方法，我们会以历史盘口为例来展现，我们会让盲目的交易者获得某种有效分析市场及可操作的基本框架，这些框架提高了确定性，同时能够带来实际价值。

紧张且专注会让注意力狭窄化，失去弹性，容易被市场催眠。

解读盘口与趋势跟踪是两个东西，不可混为一谈。趋势跟踪策略的采纳者需要解读盘口吗？盘口解读者做出决策后可以按照趋势跟踪策略来操作吗？

"封面指数"是一个洞悉市场情绪的窗口，具体可以参考《股票短线交易的24堂精品课》的上篇。

开启盘口解读之旅

如何衡量解盘交易者的成败呢？应该用平均盈利点数除以平均亏损点数来衡量。

——R. D. 威科夫

当你启动一项新生意的时候，首先的事情是考虑资本要求。

纸上谈兵是一回事，实践操作达到纯熟又是另外一回事。许多人都能在模拟交易中大获其利，因为这类操作没有任何类型的风险存在。心智不受压力的干扰和束缚，恐惧没有掺杂其中，耐心也是无限的。在真实交易中，一切都改变了。

只要你向市场投入哪怕一点金钱，所有的一切都改变了。一旦与市场波动有了直接利害关系，判断将变得越来越不理性，紧张和恐惧如影随形，以至于只有离场才能重获轻松和平静。

这些症状会出现在缺乏经验的交易者身上，逃避并不能解决问题。交易这件事情就好比做生意一样，只能在实践中逐步积累真正有用的经验，在成功到来之前先克服遇到的各种困难。

在你广泛阅读各类盘口解读材料，并且充分思考消化之后，最好以每笔 10 股的交易来运用所你学到的盘口解读知识，这样你才能将别人的知识变成你自己的经验。不过，赌性很重的人是不愿意以如此低的头寸规模开始交易的。在他

> 纸上谈兵是一个必经阶段，但却不是唯一阶段。

> 早点下水，早点学会游泳。

> 全过一遍理论，建立起自己的模型，然后在实践中改进和完善这一模型，实现模型迭代。

们看来，10 股的交易规模实在是寡然无味，只有懦夫才会这样去操作。

如果一个刚踏入股市的投机客有 1 万美元的资本，那么他通常更倾向于从 500~1000 股的规模开始交易。这样做其实非常不明智，因为缺乏足够的市场经验，本金必然越来越少，所以他们的交易会逐渐下降，到了某一天可能就只能做 50 股一笔的交易了，这是早晚的问题。

更为理性的做法是，如果你有 1 万美元的资本，应该先从 50 股的规模开始交易。如果你能够在这个基础上稳定盈利，那么增加交易规模是水到渠成的，不要心急。

即便在尝试的过程中，你处于亏损之中，但是由于你的交易规模有限，因此也不会让自己处于窘境之中。较小规模的订单，比如 100 股/笔的订单在市场上出现频率很高，这意味着许多参与者是以这样规模的订单参与交易，因此这并不是什么胆小鬼才有的做法，这是稀松平常的做法。

刚进入金融市场的新手一来就想要做大手笔的交易，要么有着不切实际的贪婪，要么就是急切地想要暴利，我想这就是最好的解释吧。好高骛远是行不通的！想想看，一个才刚刚开始学走路的婴儿马上就要跟职业短跑选手比赛，可能取胜吗？因此我们需要具备能够胜任的能力才能在金融市场中大展拳脚。在第一章里面，我们提出了本书的主题——盘口解读。**如何衡量解盘交易者的成败呢？应该用平均盈利点数除以平均亏损点数来衡量。**

一切从实际出发，只要证券经纪人不反对，那么新手可以从 10 股开始自己的实践之旅。不过，通常情况下最低要求是 50 股。我以 10 股为例只是为了说明量力而行，从最低规模起步的必要性和重要性。同时，也是为了简化说明，让大家将注意力焦点放在盈亏比率上，而不是绝对数量上。**如果你每笔交易中挣得更多，亏得更少，那么你将迅速积累起财富。**

职业台球选手就是依靠遵循这样的原则战胜对手的。他

一定要把不同阶段的主要目标搞清楚。刚开始进入市场是为了形成稳定盈利的系统和策略，这个阶段亏损是必然的，如何用尽量小的亏损学到经验才是主要目标。刚进入金融市场就想挣大钱，这种想法是害人的。在这种想法的驱使下，必然会投入大量资金。

金融市场是暴利的源泉，特别是允许保证金交易的市场。但是，暴利是大机遇和顶级技术相遇的结果，需要内外因的密切配合。美好愿望既不能带来大机遇，也不能带来顶级技术。大机遇靠的是市场给，顶级技术靠的是自己下苦功夫长期构建和完善。向宇宙下订单如果能够管用，那还需要双手和双脚干什么？不劳而获在不同时代有不同的版本，如果你迷失在其中，那么现在就是醒来的时候了。挽起袖子，开始实践吧！从小资金开始！

们试图在赢的时候获取更多点数，而在输的时候少输几个点数。**同样的道理，交易者在数月之后，应该对交易绩效进行统计，盈亏的累计绝对值并非重点，重点是盈亏比率。**

每个人投入市场的资金规模存在较大的差异，同时新手的亏损肯定要持续一段较长的时间，缴纳较少的学费获得较多的市场教训是一个原则。我个人的意见是每 5000 美元资金可以操作 50 股，这是一个较为恰当的规模。在学习阶段，这样的操作规模即便带来持续亏损，也不会造成资金和心理上的巨大挫折。每个人的风险承受能力不同，可获得的资金也存在差别，但是基于上述标准可以更加好地应对交易初期的挑战。

你可以认真审视一下绝大多数失败的生意，最终你会发现罪魁祸首有两个：第一，资金匮乏；第二，能力匮乏。放在金融交易这门生意上来讲，资金匮乏在华尔街主要体现为重仓交易。正如一句老话所言："**重仓交易就是金融自杀！**"重仓交易具体来讲就是头寸规模过大，或者在本金规模下降后未能相应降低头寸规模。

在这一点上我希望进一步明确说明一下。一个人投机客起始资金是 1000 美元，交易规模为 50 股。在遭受一连串的亏损之后，现在本金只剩下 500 美元了。按理说，他应该降低交易规模了。但通常情况下，很多交易者已经完全昏头了，所以他们会将 500 美元全部投入，买入 50 股。在现在的保证金制度下，10 个点的下跌就会让这 500 美元全部亏光。

即便最后全部输掉后，大多数人仍旧会向朋友抱怨说如果资金更加充裕的话就很容易扭转颓势了。当他这样说的时候，其实体现了他归因的错误，他将失败归结于资金匮乏。实际上，能力匮乏才是首要原因。

绝大多数人喜欢将金融交易失败归因为"资金匮乏"，但事实上深挖下去就会发现是"资金管理能力的匮乏"。无论是刚入股市的新手，还是长期浸泡的老手，能力匮乏都是普遍

形成稳定策略是第一阶段的目标；在风险承受范围内扩大盈利是第二阶段的目标；将盈利合理分配后进行综合理财是第三阶段的目标。

如果资金管理在场外进行的话，场内重仓并不是真正的重仓。这种方式更像是分散式的风险投资。

金融市场将人的非理性暴露无遗。金融市场是提高理性分析能力和风险管理能力的最佳学校！在金融市场上学到的东西可以运用在人类社会的各个领域。如果有条件的话，应该让自己的孩子从懂事开始就拿点小钱到市场中去摸爬滚打。每过一段时间，亲子一起做总结找原因。这不仅是提高所谓的财商，对孩子的性格，分析和处理问题的能力，内省和观察的能力都有极大的提高。

存在的特征。他们缺乏许多交易相关的能力，最终就体现为对市场和操作的无知。

无知的人无论在华尔街待了多长时间，如果只是热衷于靠小道消息来赚钱，那么最终是什么都得不到的。他们对于交易策略，甚至一些技术问题都不甚了了。这些人能够这么长时间留在华尔街，运气可能不是首要因素，而是他们能够持续地弄到钱来补充保证金。

商业失败案例中的 60% 是能力匮乏或者资金匮乏导致的。在华尔街，重仓交易属于资金匮乏一类。而股灾案例中的 90% 都是由于集体重仓交易导致的。**只有当一个人真的想要做好交易，而非追求虚名，用最小的代价来确认是否适合这项工作，只有这样才会取得成功。**但是，这样去做的人毕竟是少数。

简而言之，下面列出了一系列有助于你厘清上述要点的问题：

1. 你拥有关于市场的知识吗？**你了解驱动市场的因素吗？**

2. 你是否拥有至少 1000 美元，并且你能够承受日内交易带来的亏损，以便最终获得这种能力？

3. 你能够将所有的时间和精力都投入到交易科学的研究和实践中吗？

4. 你是否拥有稳定的收入，不需要依靠交易赚取的利润来维持日常开支？

金融交易不是请客吃饭，没必要说虚情假意的好听话。盘口解读实际上是一项苦活、累活，闲散懒惰的人就不必勉为其难了。金融交易者需要平心静气地进行自己的工作，这肯定不适合那些每天为三餐担忧的人。在日常开支上焦虑的人根本没法静下心来理性地对待市场，过度焦虑对交易者心理状态的破坏是最严重的。

另外，如果没有充足的时间和精力投入到交易工作中，同时也缺乏其他条件，那么就不要在交易学习和实践上轻言尝试。要么下定决心，全力以赴，要么就不要开始。

金融市场的魅力在于即便只有少数人赚钱，但是大家还是想证明自己就属于这群少数人之列。优越感是每个人天生都具备的，只不过要实现和维持这种优越感需要挥汗如雨，在人类的其他领域甚至需要流血来获得。

驱动股市的因素主要有三个：第一是流动性和利率；第二是业绩；第三是风险偏好，或者题材与主题。

交易的收入具有不稳定性，这种收入不能与日常稳定的开支相匹配。

长期熬夜的交易者容易肾阴虚，到了一定程度就会陷入持续焦虑之中。因此，良好的作息规律对于交易者的心理状态有非常大的影响。

当你下定决心之后，接下来的一个问题就是：如何选择经纪人呢？

对于解盘交易者而言，证券经纪人的选择是一件极其重要的事情。交易者应该选择一个适合自己且具有高度责任心的经纪人。这样的经纪人应该具有如下特征：他会时刻关注客户的委托，提供高效的报价和下单服务；手头的业务量在合理范围之内，没有超负荷运作，能够及时地处理客户的委托；有充分的时间来观察交易大厅内的情况，这样便于给客户提供一些场内交易的信息，以便掌握市场热点和情绪动态。

让我举出一个实例来说明上面的道理。假设你做多了100股联合太平洋铁路，并且将止损点放置在小幅低于市价的164美元处。突然股价下跌，触及了止损点位164美元。如果你的经纪人现在正密切关注你持有的这只股票，当然前提是他有充足的时间这样做，他发现164美元处挂着数千股买入订单，而卖出订单只有几百股，那么他会将这些信息告诉你，建议选择观望，看股价是否能够在这个点位止跌企稳，而不是马上就止损卖出。这种根据实际情况处理订单的方式往往能够让你获利匪浅，一次反弹可能让你赚到50~100美元，甚至数百美元也是可能的。

这就是恰当经纪人能够带来的好处，他们能够告诉你市场的成交情况和挂单情况，在每个价位存在多少买卖挂单，成交情况如何，这些对于解盘交易者而言是非常有价值的。相比之下，大型的券商可能没有时间和精力来提供如此周到的服务，他们非常繁忙以至于不会对任何单个客户的持仓和订单给予专门的跟踪和关注。

另外，小型经纪公司还有一个优势。那就是小公司人员较少，因此相对安静，少了一些人员的干扰，客户可以较为清静地进行自己的分析和操作。行情报价机应该与直通交易所的电话挨着，这样可以节省委托下单的时间，否则你或者助手专门小跑一段路去下单会浪费大量时间，重要的是错失关键时机。倘若你在一个远离下单点的场所办公，那么就应

懂合作，善竞争，对于大多数还未完全摆脱小农意识的人而言，最为缺乏的可能是合作意识和能力。如何挑选人生和事业的合作伙伴，对于幸福和成败起着举足轻重的作用。挑错了合作伙伴，或者不懂合作，那就是失败了一大半。

股票软件的收费项目中会提供更加详细的买卖各档挂单数据，这些信息都对于打板客等短线投机者有重要的价值，如果能够联系龙虎榜和成交大单来复盘可以得到许多有用的研判结论。

对于本书大多数读者而言，L2行情就能实现威科夫这里强调的优势。毕竟，科技的发展重塑了证券市场的信息获取手段。现在经纪人的服务都是标准化的，大客户能够获得的一些特别服务，包括可以隔夜优先挂涨停板之类的，在监管趋严的背景下其实并无意义。

对于现在的短线交易者而言，网速是关键。

现在，网速与时滞关系密切，许多期货炒单交易者要求最快的网速。靠近交易所成了某种必备的炒单优势。

该在两者之间建立电话联系。**对于解盘交易者而言，执行效率关乎成败。**

在委托下单时，交易者应该采用市价（Order at the Market）。这是根据我长期实践和观察得出的结论，这样做对解盘交易者而言更具效率。场内成交到盘口显示需要耗时 5 秒到 5 分钟，与市场交投活跃程度有关。这段时间也有重大意义。

假设订单成交到盘口显示的平均时长为 30 秒。在一个活跃的市场中，一个订单成交到客户收到报告的平均时长为 2 分钟时间。在这个过程中，有一半时间花在证券经纪人拿着你的订单挤进人群撮合成交，另外一半时间花在报告传回过程。

从另外一个角度来看，报价机给出的报价与市价其实存在时滞。例如，当报价机显示联合太平洋铁路的股价是 164 美元时，你决定委托经纪人买入。从你向证券经纪人下达买入指令到最后成交之间存在如下耗时环节：

报价机显示的报价落后于市价 30 秒；下达指令到实际成交耗时 30 秒。因此，你决策时的股价其实是 30 秒之前的市价。进一步来讲，当经纪人接受委托成交时，164 美元这个报价已经是一分钟之前的了。

从你看到报价机显示 164 美元决定买入到最后实际成交期间，市价其实一直处于波动之中，场内报价有如下变化：

UP（联合太平洋铁路报价）

164,

164.25,

164.125,

164.25,

164.5,

164.5,

164.625,

164.25,

164.125,

164,

……

你的买入订单可能最后才被执行。在正式的成交报告出来之前，你甚至都搞不清楚你是在价格触及164.5美元之前买入的，还是在触及164.5美元之后买入的。即便你下单的价格是164美元，但实际成交价格却可能在164.5美元。当然，也可能出现成交价低于164美元的情况，这样你就降低了一点进场成本。长期来看，买入成交价高于委托价和买入成交价低于委托价的情况出现的概率相等，两者相互抵消。如果交易者不按照市价来成交，而是想要依据限价来成交，则可能错过进出场的时机。

假设交易者看到行情报价机显示联合太平洋铁路处于164美元时决定买入，于是委托经纪人限定在164美元的价格买入100股。经纪人会进到场内查看能否撮合成交，但是发现联合太平洋铁路的市价已经变动到了164.25美元。由于客户是限价单委托，因此经纪人不能擅自做主在164.25美元交割。于是，经纪人返回向客户报告说现在联合太平洋铁路的报价已经是164.25美元了。

部分交易者会对此表示怀疑，因为他们认为经纪人可能与场内交易者串通加上了0.25美元的差价。当他们持有这种疑虑的时候通常就会说："维持164美元限价单有效，直到价格触及这个点位才成交。他们不愿意卖就算了！"这种做法并不理性。不过，这确实是大部分普通投机客的通病。他们认为164美元是唯一合理的价位，高于这个价位一点也不行。如果在164.25美元或者164.5美元买入，那就相当于买贵了。另外，他们很怕被经纪人坑了，哪怕涉及的利益并不多。

倘若交易者认为联合太平洋铁路的股价在164美元是合理的买入点位，那么股价稍微上升一点，到了164.25美元，这仍旧是一个不错的点位。另外，如果你对自己的经纪人抱有怀疑，那么最好更换一个。

如果你能在场内交易，那么可以帮助你剩下0.25美元的

首先区分利益大小，然后再思考精力在哪一头。

差值。当然，如果你在场内，那么思考方式也会应该进行一些改变。你在场内可以更加迅速地捕捉到价格的变化。当你在交易场内时，当联合太平洋铁路的股价刚刚触及 164 美元时，你就能迅速买入。当然，这也不是绝对的，还要看成交量情况。不过，整体而言你相对于场外交易者获得了某种优势，消除了 60 秒的时滞，你也省下了大笔的经纪人佣金。

不过，你需要支付交易所会员席位的费用，这大概需要 27 万~28 万美元的费用。如果你有这笔闲钱，那么可以购买一个会员席位，直接在场内进行买卖。一个解盘交易者应该配得上这个头衔，在支付了佣金、税收之后，在受到时滞影响后，仍旧可以盈利。踏上解盘交易者之路吧，否则你永远无法到达目的地！

投机客应该集中操作活跃股。活跃股往往是近期曾经上过龙虎榜的个股。分析和复盘龙虎榜个股是投机客每天必做的功课。不打板的投机客也要持续关注近期上榜的个股，从中寻找交易机会。

限价单导致的问题远远大于它带来的好处，因此建议交易者常用市价单。另外，为了减少成交价差，**交易者应该首选大盘股和活跃股进行买卖**，这些类型的股票的买卖报价之间只有 0.125 美元的价差。当交易者想要了结头寸时，如果买卖价差太大，他们会因为这一点而采用限价单，以便在更好一点的价格上了结。如果买卖价差不太大，那么他们在退出的时候也就会更加果断。

因此，流通盘大、交投活跃的股票可以缓解解盘交易者在买卖时的犹豫状态。如果交易者对价差耿耿于怀，那么就会错失机会，以至于心理状态越来越差。为了克服这一点，在活跃股上采用市价单是合理的做法。

当然，随着交易规模增加，达到一定程度之后，又必须重视限价单的运用，这个时候限价单比市价单的优势明显。但是**对于专注短线交易的解盘交易者而言，时机是最为重要的，因此要尽全力避免错失良机。**

打板交易者需要非常重视时机，否则容易遭遇烂板。

除了时机之外，选股也是关键步骤之一。在入场之前，必须掌握一些选股的基础。假设你交易规模为 100 股，利润目标为 100 美元，这就意味着目标股必须朝着预期方向前进 1 美元才能实现目标。

那么，什么股票最容易实现这一目标呢？高价股！这个答案是根据我们的统计数据得出的。通常而言，150 美元点位附近的个股日均波动幅度大概为 2.5 美元；50 美元点位附近的个股日均波动幅度大概为 1 美元。因此，如果你想在一日之内赚到 100 美元，那么选择 150 美元的高价股则概率更大，因为这种股票的日均波动幅度为 2.5 美元。

我们再从成本的角度来分析交易高价股的优劣。高价股和低价股上的税收和佣金率是一样的。两者在融资利息成本上存在差异，高价股的利息成本是低价股的 3 倍，但是解盘交易者都是当日结清，因此利息成本并不显著。

高价股的年度或者大周期内的波动波幅要显著比低价股更大。例如，大北方铁路公司（Great Northern）的股价在 300 美元附近波动，虽然其波动幅度很大，但是买卖价差同样也很大，对于短线交易而言，迅速进出存在难度。

那么，**什么样的股票是优选呢？解盘交易者应该选择流通盘较大的个股、大众感兴趣的个股、波动率高的个股、趋势明确的个股。**资深的场内交易者都或多或少地遵循上述标准选股。

具体的操作数量上，最好不要超过两只股，一只或者两只就够了。对解盘交易者而言，集中精力才能更好地完成工作。

股性是选股时不可忽略的一个前提，个股就跟人或者动物一样，有着独特的习惯和个性。**只有通过深入而持续的研究才能更好地掌握股性，从而准确推断出未来的走势。**有活跃的个股，有呆滞的个股，有气势如虹的个股，有"跌跌不休"的个股……股性通过盘口体现出来。如果想要掌握个股的习性，就必须通过盘口深入而持续地跟踪与分析。

选股意味着深入的研究，如果同时关注十几只股票，那么很难吃透一只股票。大多数人采取了错误的交易策略，那就是在将资金分散到许多个股上。

过度分散不利于精研个股，这是常见的错误之一。还有一种错误就是选股的时候完全凭感觉，缺乏科学的流程。

> 当大众普遍恐惧某只高价股的时候，追高是明智的；当大众普遍对某只高价股继续走高抱有希望时，追高是盲目从众的自杀行为。

> 量比是许多短线投机客选股的重要标准。当然，龙虎榜是不能忽略的。题材选股要看大资金有无兴趣。

> 股性是个股基本面和主力特点的共振。经常上榜的营业部席位有些什么特点和习惯？回答不出来的话，可以在网上搜一下相关资料，自己整理一下，在此基础上不断更新。

拿出纸笔，写下你的选股标准和流程。有条件的话可以回测。然后在实践中不断迭代升级你的这个选股模型。

"我认为这只股票会涨"是典型的鲁莽判断。**我们不能依靠猜测去选股，需要基于客观事实去分析和推理，进而选出操作标的。**

在选股上太过随意，是绝大多数股票交易者亏损的原因。假设交易者想要买入一只股票，那么就应该在最熟悉的个股里面筛选。如果一个交易者在离开市场很久后返回，那么就应该先熟悉个股再说，而不是急急忙忙地撒大网。贪多嚼不烂，最终结果往往是糟糕的。

我建议解盘交易者最好只关注一到两只股票，将它们彻底搞清楚，当你发现它们的股性不同时，那么就意味着你真的研究透彻了。不同的股性，意味着不同的交易策略。**不同的波动率、不同的交易量、不同的流通盘、不同的主力、不同的基本面情况等，许多的不同就使得个股的习性完全不同，最终策略也应该考虑这种差异。**

"水因地而制流，兵因敌而制胜。故兵无常势，水无常形；能因敌而取胜者，谓之神。"

备选股票分析

一个精于从个股和大盘盘口看出大资金动向的人，就很容易确定买卖时机。

——R. D. 威科夫

在第二章，我们提到了联合太平洋铁路这只股票，将其作为解盘交易的最佳股票。

我的一位朋友曾经绘制了一张综合走势图，在这张图上他将重要股票的走势绘制出来进行对比，进而确定哪一只个股与大盘走势最为一致。

最后他得出结论：联合太平洋铁路这只股票与大盘走势最为契合，可以当作大盘的风向标或者指标股。其他股票，特别是雷丁铁路公司（Reading Railroad）的股票则与大盘都是不那么一致，经常出现背离。

在他考察的所有这些股票当中，没有哪只股票像联合太平洋铁路一样走势稳定，适合短线交易了。对于解盘交易者而言，即便他仅仅操作一只股票，也需要对其他股票保持一定的关注，以便进行对比分析。另外，其他股票或许也会出现一些重大机会。

来看 1907 年初秋股市的例子。当时，联合太平洋铁路股价持续上涨，是整个股市的龙头。这只股票从 150 美元的低点上涨到了 167.625 美元的高点。在触及高点之前的三四个交易日当中，虽然联合太平洋铁路在上涨，但是雷丁铁路公司、

> 对比个股与大盘，以及板块指数的走势，是投机者判断个股强弱的一个关键方法。通过这只对比，也能对该股的重量级玩家的意图和实力有所了解。指数持续下跌中的强势股是许多资深者关注的重点。除了对比个股与指数的日 K 线之外，分时线对比也是常用的维度。

> 拉权重股来为大举出货打掩护，这在 A 股也不是什么新鲜事。

圣保罗铁路公司（St. Paul）、美国钢铁公司（U. S. Steel）和美国精炼公司（American Smelting & Refining）的股票都在下跌，看起来似乎是主力在指标股上涨的掩盖下大举抛售其他个股。

从盘面上来看，股市已经见顶了。如果联合太平洋铁路也开始拐头向下，那么整个市场就会彻底崩盘了。解盘交易者看到这些信号之后，可以做空雷丁公司，或者是做空联合太平洋铁路，同时设定小幅度止损。

当大资金完成其他股票的清仓计划时，拉抬和维护联合太平洋铁路股价的行为也停止了，主力撤单迹象明显。由于买单被撤掉，联合太平洋铁路出现了大幅下跌，超过 20 美元的下跌幅度，这时候其他前期下跌个股纷纷暴跌。

如果交易者此前只关注联合太平洋铁路一只股票，就不会觉察到异常。当这只股票暴跌的时候，他可能会感到意外。反过来，如果交易者能够关注整个股市，就会知道大资金在做什么。

当他知道主力在拉升联合太平洋铁路，掩护出货之后，他就会高效地确定联合太平洋铁路的卖出点。随后，当暴跌展开后，他又会根据整个大盘和联合太平洋铁路的盘口确定大资金是否再度入场。

如果主力再度入场，那么支撑点和买入点就出来了。一**个精于从个股和大盘盘口看出大资金动向的人，就很容易确定买卖时机**，进而在联合太平洋铁路接下来的反弹中获利。

虽然部分股票充当了指标股和大盘风向标，但是它们也只是市场的一部分，难免也会受到大盘的影响。例如，当联合太平洋铁路强劲上扬的时候，纽约中央铁路公司（New York Central）的股价突然跳水，而联合燃气公司（Consolidated Gas）的股价也转而下跌，美国制冰公司（American Ice）的股价则非常疲弱。

另外，南方铁路公司（Southern Railway）和大西部铁路公司（Great Western）的股价也处于下跌之中。虽然联合太平

对比出真知！

放大量和大笔成交是主力进出的特征。

市场情绪存在传染，板块存在联动，个股与大盘也相互影响，没有整体思维很难应对这一切。

洋铁路这个指标股本身没有任何问题，但当其他股票普遍下跌的时候，它也难免会受到牵连。

再以布鲁克林捷运公司（Brooklyn Rapid Transit）的股票为例。假设某个突发事件导致这家公司的股价暴跌。这只个股的下跌或许不会引发交运板块大盘股的下跌，但是圣保罗铁路公司、联合太平洋铁路公司和雷丁铁路公司的股价或许会受到冲击而下跌。股市就像人体，个股就像人体组织或者器官。**股市具有整体性，不仅是个股影响大盘，大盘也能影响到个股，个股和个股之间也相互影响。**

倘若重大驱动事件出现，如金融危机、信贷收紧、投资需求衰竭，或者是大恐慌出现，又或者是上市公司业绩预期普遍下降等，那么股市就会进入熊市。不过，多空力量是此消彼长的。当恐慌达到极致的时候，空方力量盛极而衰，这个时候稍有买盘就能导致强劲反弹甚至反转。

解盘交易者应该专注于活跃股的交易。其他股票也存在机会，这个时候也可以暂时操作。因此，交易从来没有死板机械的方法或者策略，**需要对主要策略的优势和劣势都了如指掌，不同的情况选择不同的策略。**

股市是由集体心理直接驱动的。众多参与者的想法就体现在他们所操作的股票上。

让我们先审视一些个股，以及特定个股与所在板块之间的关系。这一工作在某种意义上能够帮助我们衡量各种市场力量，进而帮助我们选出目标股进行操作。

在我写作本书的时候，当前市场龙头股是联合太平洋铁路公司、雷丁铁路公司、美国钢铁公司、圣保罗铁路公司、巨蟒铜业公司（Anaconda Copper）、美国精炼公司等。主力和职业投机客，以及普通交易者在参与股市的时候基本上会关注这六只市场龙头股。

除了1914~1916年处于战争时期外，整个股市四成到八成的日交易量都是在这六只股票上产生的，因此我们称之为"六大超级股"（Big Six）。

龙头股不仅是板块的风向标，有时候也是大盘的风向标。

驱动分析和心理分析，对于预判趋势都非常重要。行为分析，或者说技术分析则往往用来确认和追随趋势。

因势利导，知易行难，如何落地是关键。不同的情况可以从驱动面去分类，这是一种思路。有重大驱动事件，则单边市容易出现。什么是重大驱动事件，对于股市而言，货币政策转向、经济周期新阶段、大政策大题材出现等就属于重大驱动事件。

江恩的基本代表作当中也反复提及了这几家公司，大家可以与本书对比起来阅读。看看同一时代的两个金融人士是如何看待这些公司的，是如何分析和操作的。

盘口解读者需要掌握关于市场的一些基本原则，其中一条就是**个股的龙头地位或者说领涨地位是经常变化的**。但是为了简化分析和阐述，我们会集中注意力在这六只股票上。

六只股票当中的四只受到同一个主力运作的影响，这个主力就是大名鼎鼎的库恩—勒布标准石油财团（Kuhn Loeb Standard Oil Group）。被这个财团坐庄的四只个股具体是联合太平洋铁路公司、圣保罗铁路公司、雷丁铁路公司和巨蟒铜业公司。

剩下的两只股票，美国精炼公司由古根海姆家族控制，美国钢铁公司则由摩根家族控制。其中，美国钢铁公司这只股票大众参与的程度最高，人气最旺，最容易受到群体心理的影响，因此导致其波动率非常大。

美国钢铁公司的股价波动基础是钢铁贸易，钢铁贸易繁荣与萧条构成了美国钢铁公司股价上涨或者下跌趋势的前提。另外，摩根财团和其他大型财团也会介入这只股票的买卖，它们会时不时买入或者能卖出十几万股。但是，整体而言，参与大众的态度才是影响这只股票价格波动的最大原因。需要牢记在心的是**当大众超卖或者超买时往往是股价的转折点**。这是一条非常有价值的市场指南，可以用来确定市场的技术状态。

除了上述六大龙头股之外，次一级重要的是二线龙头股（Secondary Leader）。虽然这些个股的市场号召力和风向标作用不及六大超级股，但是它们也能带动其他一些普通个股。

另外一类股票，我们称之为低价股（Minor Stocks），这些股票并非板块龙头，影响力较弱，而且股价很低，大多数是普通投机客喜欢的操作对象。某些投机客看到某些低价股开始上涨后，就会去买入六大龙头股或者二线龙头股，认为后者也会跟随上涨。其实，他们把逻辑弄反了。他们预期的这种情况有时候会出现，但是概率极低。

他们的判断忽略了一个根本常识：一个以 5000 股规模交易的投机者，不太会跟随一个以 100 股规模交易的投机者；

大盘、板块和龙头进行个股投机时必须关注的三个方向标。龙头走弱了，有没有新龙头接过大旗，这对于大盘短期人气影响很大。龙头的变化往往也意味着板块的轮动。龙一出现开板，对于其他跟风个股也是沉重的打击。

投机巨擘巴鲁克在其回忆录中多次提到古根海姆家族的并购和运作。

大众超卖或者超买可以从三个层次去确认：第一个层次是驱动面，当最后一次利好或者利空兑现时，就是超买或者超卖出现时，这个可以从题材性质的角度去理解，具体可以参阅《题材投机》这本书。第二层次是心理面，筹码高度集中在散户手里面，则是绝对超买，筹码高度集中在主力手里面，则是绝对超卖。可以结合持股人数，筹码分布和成交量来剖析。除了从筹码角度分析之外，还可以从共识预期的角度来分析。舆情一致看涨，则超买出现；舆情一致看跌，则超卖出现。第三层次是行为面，或者说技术面。震荡指标例如 KD 指标就是比较好的超买和超卖度量手段，另外可以加上背离信号。三个层次最好能够结合起来思考。

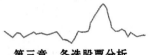

一个以 100 股规模交易的投机者，不太会跟随一个以 10 股规模交易的投机者。

股市上的各类型股票就好比一支大型船队中的船只一样，它们紧密联系。**利率（Interest Rate）和商业情况（Business Conditions）在引导着"这支船队"的前进方向。**

"这支船队"第一梯队是六大超级股，第二梯队是次级龙头股，然后是低价股和其他各种股票。整支船队的前进方向最先体现在六大超级股上面，它们是整个市场的龙头股，接下来才是其他个股。

当利率和商业情况的驱动力消失时，整支船队仍旧会前进；如果驱动力突然变向，那么船队内部的船只磕碰现象就非常明显，特别是后面船只很可能与最前面的船只出现反向运动的现象。

牛市尾声阶段，垃圾股开始补涨。熊市尾声阶段，蓝筹股开始上涨。

龙头股代表了美国经济的主导产业，从铁路运输到钢铁以及采矿业，股市的投机资金集中流向这些主导产业是非常正常的事情。联合太平洋铁路和圣保罗铁路基本上覆盖了美国西部地区。

雷丁公司拥有大量的铁路资产，是美国东部铁路网的重要组成部分。同时，它又在煤炭开餐行业处于领导地位。美国钢铁公司所在的钢铁行业与全美制造业息息相关。而美国精炼和巨蟒铜业则分别是冶炼业和铜业的领导企业。

当你在分析股市的时候，首先应该搞清楚：哪些股票是龙头股，哪些股票是二线龙头股，哪些股票是跟风股。通过找出交投活跃的龙头股，我们就能进一步洞悉其背后的驱动因素，也能够知道什么板块和个股将被带动上涨。

投机要围绕龙头股来操作，龙一和龙二是目标股。跟风股风险其实更大。

举例来讲，如果联合燃气公司（Consolidated Gas）的股票交投开始活跃起来，股价强势上扬。那么，我们可能据此推断布鲁克林联合燃气公司（Brooklyn Union Gas）的股价可能上涨。但是其他不相关板块的股票却不太可能跟风上涨。

又如标准石油财团运作的几只股票同时处于稳定上涨状态，那么我们就能推断这个财团的资本家们正在大举入市。

龙虎榜上频繁上榜的营业部需要我们定期研究和持续跟踪。关于如何研究席位，如何利用结论展开推断，这个学问是鲜活的，需要不断更新迭代。

超级主力大举入市肯定不会挣几美元价差就出逃，他们等到股价持续上涨一段明显幅度之后才会考虑离场，这个时候派发筹码的迹象就会比较明显了。

当科罗拉多燃料公司（Colorado Fuel）的股价暴涨时，未必会带动钢铁板块走强，但是如果它上涨是因为商业贸易状况繁荣引发的，那么就可能使得美国钢铁的股价率先上涨，接着带动整个钢铁板块的上涨。

投机客要想从库恩—勒布财团运作的诸多股票中挑选出最佳标的，就必须考虑到交投活跃程度这个标准。按照成交活跃程度这个标准，解盘交易者或许会从铁路板块中选出联合太平洋铁路或者是圣保罗铁路，从矿业板块中选出巨蟒铜业。

当然，或许投机客会注意到伊利铁路公司（Erie）。这只股票从 1907 年夏天开始走牛，当时价格为 24 美元/股左右。这波上涨使得它逐步崛起为低价股的龙头标的。虽然这家公司的股价出现了显著的上涨，但是并不意味着所有的低价股都会跟风上涨。

不过，对于联合太平洋铁路公司的股票而言，情况则不一样。如果这只股票强势上涨，那么包括南方太平洋铁路公司（Southern Pacific）在内的同板块公司就容易跟风上涨。如果出现这种情况，意味着联合太平洋铁路公司作为龙头股的号召力很强，折射出背后的基本面驱动因素很强，这个时候解盘交易者就可以买入龙头股并且一直持有。

孤军深入的强势股与有板块带动效应的龙头股，你觉得谁的上涨态势和可持续性更强？

相比之下，伊利铁路公司的股票就不值得投机者介入了。因为很可能伊利铁路公司的股价上涨 5 个点的时候，联合太平洋铁路公司的股价已经上涨了 10~15 个点。

横向比较可以提高我们对行情的洞察力。根据我的市场经验，当二线龙头股保持强势，而龙头股滞胀的时候，那么龙头股的上涨可能已经结束了。在其他个股上涨的掩护下，主力开始大举抛售龙头股。

另外，如果一只股票此前没有庄家进驻，那么就提供了

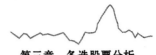

一个良好的潜在坐庄标的。这类股票很容易被场内交易者或者券商自营盘所操纵，他们联手操纵这类个股的上涨和下跌，从中渔利。

再来探讨下美国钢铁公司的股价波动。这只股票的上涨和下跌受到许多因素的影响，如钢贸情况、投机大众的情绪波动、庄家的运作等。

美国钢铁公司的股价其实充当了市场情绪的温度计，是整个市况的风向标。在这一点上，其他上市公司望尘莫及。因此，许多市场玩家会详细阅读钢铁贸易的研究报告、美国钢铁公司的业绩报告和新订单情况。

大部分持有这家上市公司股票的投资者倾向于长期持有这只股票以便享受分红派息。他们中的大部分采用保证金交易，同时很少做空这只股票。只有在市场大跌、极度恐慌的时候，他们才会考虑卖出。

由于持有这只股票的股民人数众多，因此这只股票的走势折射出了大众的心理状况，是一个有效的大盘心理指标。如果这只股票在利空出现时不下跌，那意味着大众情绪乐观。相反，如果这只股票显著走弱，意味着大众情绪悲观。

当龙头股走弱的时候，低价股或者是垃圾股可能会受到短期的追捧。低价钢铁股的内部人士或许会趁机拉升一把自己的股票，制造人气。

制造业的繁荣或者是新订单增加会驱动部分相关股票上涨，当然业绩驱动的上涨往往与整个宏观经济有关。

我们应当选出主要的投机标的，进行深入的研究，最后你会发现它们都有自己的特点和个性。

你站在一个房间里面，其他有50~100个人也站在里面，如果你能洞察出每个人的主要动机和性格特点，那么就能够预测每个人在特定情境下的行为和反应。

因此，**解盘交易者应该努力熟悉股票和背后玩家的特点和个性，熟悉这些玩家的动机和策略，熟悉交易所的规则和市场环境。**

除非有沟通，否则庄家不愿意去为别的庄家"抬轿子"。在很多个股上，新进庄家或许会试探下拉升，让此前入驻的公募基金有一些获利，但是如果后者不知道离场让位，那么新进庄家是不会继续大幅拉升的。

知己知彼，知天知地。

第四章

交易规则

交易中，导致恐惧的最大原因是重仓交易。因此下单的时候头寸规模不能超过自己的承受能力。

——R. D. 威科夫

当一个人计划外出旅游的时候，首先考虑的因素就是涉及的费用。

同样，当我们计划进行日内交易时，首先考虑的也是成本问题。

如果交易无须支付任何成本和费用，那么盈利就会变得容易很多。仅需要每笔交易的收益超过亏损即可。

不过理想情况并不存在。无论你是否是纽约股票交易所（简称纽交所）的会员，在真实的交易过程中，要想盈利必须让收益超过亏损和成本。成本支出存在于每一笔交易之中，具体包括佣金（Commissions）、买卖报价的差别、所得税、手续费等。

另外，如果你使用了融资服务，那么隔夜持仓还需要支付利息费用。

如果你拥有一个纽交所的会员席位，那么佣金能够减少到每 100 股 1 美元，这是当日平仓的佣金。如果你隔夜平仓离场，那么佣金则是 3.12 美元每 100 股。虽然在佣金上节省了不少，但是购买会员席位会支出一大笔钱，同时会费和其

合作和斗争是人类社会的两个基本特征。无论是合作还是斗争都是围绕稀缺资源的获取和维持展开的。合作往往是为了在斗争中获得某种优势。由此来看，竞争优势才是其中的重点。在证券交易中，你是否认真考虑过自己的竞争优势，如何构建竞争优势，如何维持和提升自己的竞争优势？竞争优势是一个最实在的东西，超过一切主义和空谈。

他相关支出也不可小看，因此交易所会员在成本的优势并不十分明显。

另外，买卖报价之间存在 0.125 美元的价差，这是谁也不能克服的问题，拥有交易所会员席位也不能避免这个问题。例如，在买入报价为 45.375 美元，同时的卖出报价为 45.25 美元，两者相差 0.125 美元。你的任何一笔交易中都存在这种无形的成本。

因此，当解盘交易者作为非交易所会员进行操作时，他应该意识到无论是做空还是做多 100 股，他一进场就已经损失了 0.125 美元。

另外，我们还应该考虑佣金，避免错觉。交易者可以在买入价格上加上佣金，或者在卖出价格上减去佣金。

很多交易者没有考虑成本问题，因此在计算利润的时候总是忘记了扣除成本。但是对于许多短线交易者而言，恰恰是这些成本导致了实际上的亏损。

经常有交易者说："离场的价格与入场的价格一样，除掉佣金手续费，没有亏钱。"这样讲的交易者实际上忽视了佣金和手续费等支出的影响，长此以往必然导致巨大的亏损。如果你能仔细盘算一下一笔交易的固定支出，就会明白这其中存在多大比例的成本。

> 日内交易者，无论是股票交易者，还是期货和外汇交易者，都在很大程度上受到了手续费的影响。因此，一定要在兼顾可靠性的基础上选择手续费最低的经纪商。

换句话说，交易者务必记住一点：如果你的第一笔交易没有将佣金和手续费抹平，那么第二笔交易就要赚到两倍于此的利润才能将两笔交易的成本抹平。接下来的交易你才谈得上赚钱的可能性。

综上所述，解盘交易者在计算盈亏的时候，不仅要考虑亏损，还要考虑各项成本。

因此，一个交易者如果在做多后赚了几个点的利润，那么就应该防止最终以亏损离场。这个时候需要一个限价卖出单跟进。一旦有了这样的保护措施，此后股价无论怎么变化这笔交易都不会亏钱。

> 恰当的时机应该将初始止损单移动到盈亏平衡点位置。在《5分钟动量交易法》一书中，关天篆主要采用了盈亏平衡点止损。

跟进止损单的设置不能在市价与成本价非常近的情况下

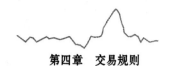

设置，应该给市场一定的回调空间。

资深的解盘交易者基本上能区别得出趋势和回调。当走势出现反复时，他们大概率能够区分得出是趋势的改变，还是回撤。

资深的解盘交易者如果发现趋势已经出现了反转，那么他不会等到限价止损单被触及，而是会主动了结头寸离场。因此，对于解盘交易者而言，盈亏平衡点止损大多在行情突然大幅反转的时候发挥保护作用。

止损单对交易者的保护作用是极其重要的。如果交易者不得不离开办公室一段时间，或者是行情报价机突然出现故障，这个时候提前递进场内的限价止损单就能起到极大的保护作用。如果交易者能够持续盯盘，那么盘口会及时发出离场信号，市场会给出行动信号。但是，**如果无法及时得知市场的变化，则保护措施是必需的。**

我认识一位交易者，他在买入 500 股糖业股之后就离开办公室吃饭去了。这顿午饭花费了 25 美分。等他回到办公室，查看行情报价机时，发现自己亏损了 5000 美元。这顿饭相当于一共花费了他 5000.25 美元。

为什么会出现这种情况呢？糖业股在他离开后下跌了 10 个点，而他也忘了设置止损单。很快，他的证券经纪人打电话来要求他追加保证金。

如果一直守着行情报价机是否能够完全解决问题呢？行情报价机本身也会出问题，在许多重要时刻，当市场行情波动很大的时候，行情报价却变得断断续续的。这个时候无论我们如何发火，都毫无用处。当它恢复工作时，进出场的时机已经错过了。

在重要的市场时刻，错过了时机意味着非常大的损失。为了防止这种情况出现，我们必须设置止损单，除非行情报价机能够一直正常工作。

倘若交易者持有隔夜头寸，那么也应该采用限价止损单，避免"黑天鹅"事件的负面冲击。通常来讲，隔夜或许会出

什么是对付"黑天鹅"大事件的最好办法，通过各种保护手段，如保险合同、期权、违约掉期和止损单限制住负面冲击，然后充分利用正面冲击。

现一些重大事件，这些因素会在次日开盘时发酵。但是，交易者次日可能因为生病等原因无法及时处理，这就需要为任何突发事件预留处置的余地。

解盘交易者都明白自己在行情报价机旁边的任务，一旦他不能盯盘则不得不应该设置止损单。那么，究竟应该如何设置止损单呢？止损单的设置需要根据具体的情况来设置。资深的交易者们一致认为单笔交易的最大亏损幅度不能过超过2个点。

我认为2个点仅仅是一个主观武断的结论而已，并非客观的标准。要想设定恰当的止损单，应该先识别出股价的关键点位。来看一个具体的例子，当你在130美元做空一只股票。接下来，这只股票跌到了128美元，随后反弹到了129美元，接着又再度回落。

那么，这个129美元就是关键点位，因为价格在此受到了显著的阻力。股价触及129美元后反转的次数越多，则其作为关键点位的价值越大。

为了保护你的做空头寸，你可以将空头止损单放置在129美元上方不远处，比如129.25美元或者是129.5美元。这样，当你不能盯盘时，就能更好地保护你的头寸。对于关键点位的识别，后面的章节我还会详细地介绍。

如何设定跟进止损单呢？一个不错的办法是采用固定点数移动跟进。假设交易者为头寸设置了1个点幅度的初始止损，当股价朝着有利方向运动0.25个点就相应地跟进一下止损单，这样止损单就始终与市价远端保持1个点的距离，起到了限制风险，保护头寸的作用。

如果一个解盘交易者能够按照这种思路去操作，那么肯定会获得一个良好的风险报酬率，平均利润必然超过平均亏损。

当跟进止损单移动了几次之后就应该给予市场更大的发展空间了。这个时候可以结合离场信号了结头寸，而不一定

等到股价掉头触及跟进止损单。

当然，止损单本身也会带来一些问题，它会限制交易者

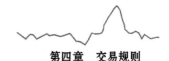

临盘处置的能力，干扰交易者的相机决策。

先看一个比喻。当一个高大的女子和一个矮小的男子一同过马路时，女子走在前面。当他们正准备穿过马路时，一辆汽车飞驰过来。女子根据具体情况认为有足够的时间穿过去，但是男子在后面抓着她的胳膊显得犹豫，开始想往前走，后来又想后退。最后，两人差点被汽车撞上，仓皇中来到马路对面。

如果这个女子是独立行事的话，就没有这么多麻烦了。这个故事其实讲述了解盘交易者在使用止损单时的困境。一方面，止损单限制了风险；另一方面，止损单又限制了解盘交易者根据最新盘面信息相机行动的自由。

前面强调了如果不能盯盘或者报价机可能出现故障时应该设置止损单，还存在另外一种情况也应该使用止损单——当行情不明朗或者解盘交易者无法判断时。

交易者入场之后，行情开始变得越来越看不清楚。是继续留在场内持有头寸，还是离场旁观？如果交易者无法抉择，则可以采用止损单。

这种情况下，最好将止损单设置在距离市场较近的点位上，一方面为行情的发展预留空间，另一方面避免走势恶化，对潜在风险进行限制。当行情朝着有利方向显著运动之后，可以跟进或者取消止损单。

恐惧、犹豫和不确定性是解盘交易者的致命敌人。

交易中，**导致恐惧的最大原因是重仓交易**。因此下单的时候头寸规模不能超过自己的承受能力。

至于犹豫则可以通过一定的自我训练来克服掉。如果盘口已经给出了明确的信号，但是交易者却因为犹豫而不采取及时的行动，那么后果往往是破坏性的。与进场相比，交易者在离场上犹豫不决的后果更加有破坏性。

当盘口出现明确行动信号之后，交易者应该立即采取行动，这个时候几秒的重要性远远超过几分钟的重要性。解盘交易者必须亲自行动，而盘口就是指示。

完美主义倾向会导致一个人极端害怕犯错和损失。完美主义可以毁掉一个人的一生！

期货市场的炒单交易者必然是一个好的键盘手，他们往往会采用游戏键盘，因为分秒必争。

我们已经将解盘交易者定义为顺着短期趋势交易的人。他们也需要顺应趋势，不要逆势而为。**对抗是错误的做法，只能利用。**逆着趋势交易的人，无疑是在与整个市场对着干。自不量力的结果必然是悲催的。

倘若交易者能够顺着趋势的力量去操作，那么市场的供求格局与主力都在为他的头寸盈利服务。所有的力量都站在他这边，这将无往不胜。

如果股价的波动较长时间维持在 1~2 个点的幅度，那么解盘交易者应该避免参与其中。窄幅波动中，盈利空间非常有限。这点盈利空间还不足以抵扣掉各种费用和成本。

有风使劲帆，无风潜入海。

对于每笔交易而言，各种费用大概会耗掉 0.5 个点的利润，因此交易的潜在波动幅度应该达到 2~5 个点才行。如果潜在的盈利空间低于这个幅度，那么就应该放弃这样的交易。

那么如何估计潜在的盈利空间呢？

一个机械工程师如果知道一个物体的质量和受到的作用力情况，那么就能够计算出这个物体的运动情况。同样，对解盘交易者而言，通过盘口的一系列信号，他们也能大概判断出短期波动的潜在幅度。

风险报酬率的评估分为两个方面：第一个方面肯定是首先评估潜在的利润空间有多大，这个可以从技术面和基本面等角度去剖析；第二个方面则是评估需要承担多大的风险，也就是恰当的初始止损幅度。如何设定恰当的止损单？需要考虑许多因素，从关键点位，到资金管理法则等。请参考本书附录一"可证伪的假定才是科学的交易决策：当被证伪时，坦然接受"。

大多数投机客都缺乏系统而科学的操作方法，他们在对待盈利和亏损上也存在错误态度：一旦有一两个点的浮动盈利，他们就会迫不及待地兑现离场；但如果出现浮动亏损，他们则会死守头寸，寄希望于市场能够照顾他们的情绪。除非亏损巨大让他们感到恐慌，否则他们是不会止损离场的。

你想取得不一般的绩效，就不能照着一般人的思维去完成同一件事情！

要想成为一个成功的解盘交易者，就必须反其道而行之。成功的解盘交易者需要寻找那些获利空间在 3~5 个点，甚至 10 个点的机会。要抓大放小，专注于那些优质的机会。

进场后，市场发展朝着有利的方向发展，那么交易者可以通过限价单来控制风险的扩大。当然，除了预先将止损单委托给场内之外，也可以先在内心预设一个止损点位，当价格触及时再下单。

我本人的习惯是先在内心设定一个止损点位，当股价接近这一点位时，以市价单委托了结头寸。

为什么我要这样操作呢？因为这样我更加主动。如果提前下了限价止损单，那么撤单或者改变委托都需要耗费时间，同时交易者也不能很快掌握成交情况，这就让局势处于几分钟的失控状态。

如果交易者能够先设定心理停损点位，然后以市价单入场，那么基本可以保证成交，同时还能让局势处于更可控的状态。

根据盘口走势本身来设定止损点是最为有效和科学的做法。

我们来看一个具体的示范（图 4-1）。

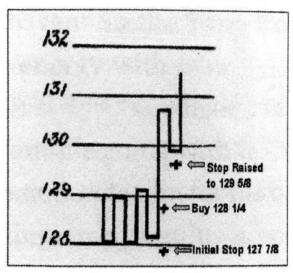

图 4-1　止损点的设置

这只股票刚开始的时候在 128~129 美元的范围内波动，盘口在 128.75 美元发出买入信号。

此前股价两度在 128 美元获得支撑，第三次则是则在 128.125 美元获得支撑，低点抬升了。这表明下方支撑有力，股价再度跌破 128 美元的可能性很小了。

低点抬升意味着股价继续上涨可能性很大，抛压小于此前，多头力量强于空头。

当解盘交易者在 128.75 美元买入之后，初始止损单设置在 127.875 美元，这个点位比最近低点低了 0.25 美元。

股价向上突破前期高点 129.125 美元之后，继续上涨到了 130.75 美元。当股价向上突破 130 美元之后，解盘交易者可以将止损单跟进到盈亏平衡点位置，也就是 129 美元。这个盈亏平衡点考虑了买入成本和佣金等支出。

阻力点位和支撑点位相互转换。

此后，股价回落到了 129.875 美元，接着恢复上涨趋势，上行到 131 美元。当股价创出新高后，止损单可以上移到 129.625 美元，因为 129.875 美元已经成了新的支撑点位。

在这笔交易中，初始止损的准确额度是 0.875 美元加上手续费和佣金等固定支出。这一初始止损点的设置是基于股价自身的波动特点确定的，而非主观认定的。如果武断设定止损点，那么结果往往会比较糟糕。

为了让缺乏经验的新手能够理解，我给出了图 4-1。对于具备一定经验的交易者而言，他们能够明白文字叙述的过程，能够在脑海中成像，一系列波动高低点可以在想象中呈现出来。

当然，交易者为了锁定利润而主观地移动止损点也不是完全不行的。当股价上涨远离成本价的时候，交易者更应该基于市价的波动轨迹跟进止损点。

初始止损点被触发，要么意味着趋势判断错误，要么意味着时机判断错误。

倘若交易者入场后不久，初始止损点就被触发了，这并不表明他对趋势判断一定是错误的，或许市场噪声或者突发因素导致的暂时回撤。或许是因为其他股票下跌传染到了你持有的这只股票。但是，**在下跌结束之前，你并不能预判其准确幅度，因此初始止损点的设置是必要的**。

收盘价跌破止损点离场比盘中价触及止损点离场要更可靠一些。收盘价可以是任何时间框架的收盘价，如 5 分钟或者一天。

当股价朝着不利的方向运动时，如果你取消止损单或者扩大止损幅度往往只能增加风险，这是不老练的做法。资深的解盘交易者极少犯这种错误，但是普通散户们却经常这么干。

资深解盘交易者的每一笔交易都是基于特定的逻辑，而非受到冲动的驱使。他们大脑中对每笔交易的风险暴露有清晰的认识，除了极少数极端情况之外，**他们不会扩大这种风险暴露。他们在限制风险上的立场是非常坚定的，但是在扩展利润上的态度却是灵活的。**

要想成为一个成功的解盘交易者，必须努力减少风险暴露，而不是毫无顾忌地增加风险暴露。

解盘交易者不会有摊平成本的想法和做法。买入后，股

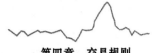

价继续下跌，交易者加码买人试图摊平买人成本。这种做法背后的逻辑是抄底，下跌趋势已经结束。做空后，股价继续上涨，交易者加码做空试图摊平做空成本。这种做法背后的逻辑是摸顶。这是危险的想法和做法。解盘交易者不应该抱有这样的想法和做法。

接下来，我们谈谈利润目标的问题。利润目标没有一个固定的标准。通常而言，交易者不应该限制利润的幅度。对于解盘交易者而言，某笔交易预计能够产生 3~4 个点的利润，但最后可能产生 10 个点的利润。

实践是花样百出的，理论是枯燥乏味的。因此，我希望读者们能够保持批判和灵活的态度，不要墨守成规，**在风险可控的前提下可以大胆尝试和创新。**

现在我们只是在探讨理论，随着展开和深入程度的加深，会逐步将一些抽象的原则细化以便落地。当你开始模拟或者实际操作的时候，必然会出现一些完善的可能性。

那么，一个解盘交易者应该在什么情况下离场呢？下面给出一些规则：

1. 当盘口告诉他应该离场时。

2. 当止损被触发时。

3. 当形势变得难以判断，交易者的立场开始模糊时。

4. 当交易者已经获得丰厚或者满意的浮动利润，想将资金调配到更好的盈利机会上去。

了结一笔交易的首要理由是：盘口告诉你应该离场了！ 盘口发出的离场信号是多种多样的。如果你交易的是龙头股，那么这只股票本身就会直接向你发出离场信号。

盘口的卖出记录当中暗藏着趋势的踪迹。资深的解盘交易者可以非常清晰地解读出这些信息。还需要强调的一点是，正如我们在此前章节指出的那样，**龙头股是风向标，它们的盘口走势潜藏着更有价值的信号。**

假设某个交易者现在正持有联合太平洋铁路的空头头寸，但是盘口发出了趋势转而向上的信号，那么这个时候继续持

投资可以摊平，投机不能摊平，为什么会有这样的区别呢？投资的大前提是市场是错误的；投机的大前提是市场是正确的。投资一般是无杠杆操作；投机一般是高杠杆操作。投资一般是大部分身家投入；投机一般是小部分身家投入……两者之间还有更多的差别，你能想出来吗？动脑吧，写下来才能提高。

一切从实际出发！盘口就是解盘交易者面对的"实际"。

龙头股的盘口有些什么特点和规律？怎么找出这些特点和规律？什么高深的理论都不如现在就去跟踪一下当下的市场龙头股来得有效！

有空头头寸就非常危险了，当然是错误的做法。

那么，这个交易者在收到这个盘口信号之后就必须立即了结空头头寸。如果他的上行空间远胜潜在风险和成本，那么就应该空翻多。

有时候，市场反向运动的潜在空间很大，因此交易者在结束此前的交易后，还可以马上反向建立头寸。交易者不要陷入思维定势，要富有弹性。

这种思维上的弹性建立在从盘口这个最大的实际出发。聪明的解盘交易者会严格恪守盘口的信号。当盘口发出离场信号时，他们会立即立场。离场信号可能来自于其他个股，也可能来自于板块或者大盘。**比较典型的离场信号是高位放量滞胀。倘若某只股票或者大盘指数出现放量滞胀的特征，那么大概率会出现下跌，**因为市场不可能在放量的情况下原地踏步。

来看一个实例，在最高法院宣布对联合燃气公司的裁决当天 11 点时，一个交易者正在买入联合太平洋铁路公司的股票，成交价为 182.75 美元。

12 点之前，联合太平洋铁路的股价涨到了 183.5 美元。同板块的雷丁铁路公司的股价则更加活跃，涨到了 144 美元。

到了 12 点左右，雷丁铁路公司的股票出现天量交易，在 0.75 美元的范围内出现了 5 万股大单成交。或许这是内幕人士的洗盘动作，不过很难确定确切的原因。如果不是洗盘动作，那么就意味着此区域存在巨大的抛压，使得股价很难有效向上突破 144.375 美元。

当雷丁铁路的股价窄幅波动时，大额成交出现，存在两种可能原因：

1. 在关键点位突然出现大量买盘，主力决定利用这个机会出货；

2. 雷丁铁路的大额成交可能是主力为了转移大众的注意力，以便掩护其他个股的出货。

对于第二种假设，缺乏具体的证据，只有纽约中央铁路

新股上市后连续无量一字板，然后放量开板，谁进去了，谁出来了，有两种比较常见的情况：第一种是新的大资金进去准备做第二波大幅上涨，这种情况较为常见；第二种是新的大资金进去了做小区间内的高抛低吸，这种情况从 2018 年开始也出现了。第二种情况出现其实是利用了大众的普遍预期，因为第一种情况太普遍了。

第二种假设非常勉强。雷丁铁路的股价大幅上涨有可能达到转移大众注意力的目的，放量滞胀只会让大众警惕整个铁路板块。

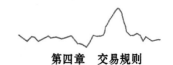

公司的盘口有些迹象。

在雷丁铁路上的抛盘如果能够被买盘所消化，那么上涨趋势就会继续，这样股价就会创出新高。反之，盘口显示多方力量不济，雷丁铁路的股价弱势回落，短线继续下跌的迹象明显。有了这些盘口信号，解盘交易者就应该对暴跌的可能性保持警惕。

此后，雷丁铁路微跌到 143.875 美元，成交量也萎缩了。

联合太平洋铁路的股价则从 183.625 美元跌到了 183.25 美元。

接下来，两只股票走势变得震荡起来。

联合太平洋铁路的股价突然跌破震荡，跌至 183.125 美元。在 183 美元的点位成交了 500 股，在 182.875 美元的点位成交了 200 股，又在 183 美元的点位成交了 500 股，在 182.875 美元的点位成交了 200 股，在 182.75 美元的点位成交了 500 股。

窄幅弱势波动区间出现大额成交表明卖家并非小额交易者。联合太平洋铁路的盘口走势表明需求疲弱，下方承接力度不够，缺少支撑。

此时的纽约中央铁路在 131.5 美元处成交 400 股，几分钟后股价跌到了 131 美元，在此点位成交了 1700 股，在 130.25 美元处成交了 500 股，在 130 美元处成交了 700 股。

盘口表明整个铁路板块，甚至大盘都处于弱势之中。**纽约中央铁路下跌 1.5 个点伴随着大单成交，放量下跌意味着卖方为了促成交易不得不大幅降价。**

雷丁铁路、联合太平洋铁路和纽约中央铁路都显露疲态，股市表示出进一步下跌的迹象。这些盘口信号出现后，交易者应该立即着手结束多头，开立空头的操作。

解盘交易者在发出多头减仓离场委托之后，可以在等待成交回报的这段时间里面考虑具体的做空标的。

首要考虑的是雷丁铁路。**最显而易见的一个理由是这只股票刚刚在 144 美元附近出现了天量，高位筹码完成交换，**

高位筹码交换有三种常见情况：第一种是散户接过主力筹码，这个市场氛围是乐观的；第二种是新主力接过旧主力的筹码，这个市场氛围是谨慎和怀疑的；第三种是主力接过散户筹码，这个市场往往是存在重大利好，主力敢于突破长期高点，解套前期沉淀筹码，这个时候的市场情绪你认为会是乐观的吗？

市场一旦转弱，这些筹码就容易松动。高位谁买入了？普通散户的可能性很大，他们很可能在短期高点冲动地买入了雷丁铁路的股票。此前的放量上涨，很容易诱使散户追高。结果就是他们在阶段性高点与主力完成了筹码交换，这正是主力所希望的。

当他们在高点买入之后，如果股价转而下跌，那么持股的人就会感到恐慌，接着就会在恐慌中转而卖出股票，这会加剧下跌。他们在高点受到贪婪的驱使，在下跌后又被恐惧所操控。

在综合考虑之后，解盘交易者初步选择了雷丁铁路作为做空标的，这是下跌趋势中做空潜力最大的个股。

下午 12 点半，股价处于交投清淡的状态，大多数股票处于不愠不火的状态，波动率和成交量都下降了。

突然，雷丁铁路出现了抛售迹象，在 143.75 美元处成交 500 股，在 143.625 美元处成交 500 股，在 143.5 美元处成交 400 股，在 143.75 美元处成交 400 股。

盘口大单表明做空的主力可能进场或者加码了，他们的止损单可能放置在 144.5~144.625 美元。这一区域是最近高端高点附近，从股价波动轨迹上看，股价反弹到这一区域的过程中容易遭受抛压，据此推断新进场的空头会这样操作，当然这只是推断。

接下来，盘口表明联合太平洋铁路在 182.75 美元附近存在小单成交。另外，纽约中央铁路则出现了大笔成交的迹象：在 130 美元处成交了 1000 股，在 130.375 美元处成交了 900 股。其他股票的交投似乎也变得活跃起来。

盘口弱势，但是也没有明确做空的信号，解盘交易者这个时候应该将此前还剩下的联合太平洋铁路多头头寸全部了结，然后空仓等待做空雷丁铁路的恰当机会。

联合太平洋铁路微跌到了 182.625 美元，其他股票也小幅下跌。跌势并不显著，因此暴跌可能性很小，因此解盘交易者继续等待更好的做空时机。

联合太平洋铁路在 182.625 美元处总共成交了 1800 股，在 182.5 美元处成交了 3000 股。其他个股纷纷下跌，整个股市的空头氛围开始浓厚。

到了 12：45，联合燃气在 161.5 美元处成交了 500 股，盘势虚弱。其他主要股票则处于企稳状态，联合太平洋铁路处于 182.625 美元，纽约中央铁路处于 130.375 美元，雷丁铁路处于 143.75 美元。

接下来，联合太平洋铁路反弹到了 182.875 美元，联合燃气反弹到了 162 美元。纽约中央铁路则在 130 美元遭遇了大量卖单。雷丁铁路在 143.5 美元处徘徊。

反弹走势很快就衰竭了。但是盘口仍然没有暴跌的迹象，因此解盘交易者不会盲目杀跌。

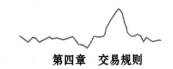

纽约中央铁路跌到了 129.75 美元，盘口表明 130 美元的抛压很重，大笔卖单砸下来，股价调低后才逐渐消化卖压。其他股票没有大笔成交出现。

市场已经到了暴跌的临界点，脆弱的多空平衡出现，只要空头增加一点，那么市场就会开启暴跌模式。

联合太平洋铁路在 182.375 美元成交了 300 股，在 182.5 美元处成交了 200 股。盘面显示联合太平洋铁路在 182.5 附近的抛压比较沉重。

雷丁铁路的股价处于窄幅波动状态，震荡区间位于 143.5~143.375 美元。143.5 美元处出现了 1000 股大笔成交。

纽约中央铁路则在 130 美元成交了 2000 股，在 130.125 美元成交了 800 股。

临界点终于被打破了，解盘交易者等待的向下突破出现了。

联合燃气在 163.75 美元处成交了 200 股，在 163.5 处成交了 400 股，在 161 美元处成交了 300 股，在 160 美元处成交了 400 股。

做空信号出现了，解盘交易者立即进场做空。他以市价委托做空。

现在整个股市都处于大幅下跌之中。

雷丁铁路从 143.5 美元开始加速下跌。在 143.25 美元处成交 600 股，在 143.125 美元处成交 1300 股。

纽约中央铁路从 130 美元处跌到了 129.5 美元。

联合燃气在 159.5 美元处成交了 500 股。不过，这只股票处于窄幅整理之中，空头还未完全发力。这样拖泥带水的走势或许会让交易者厌烦，不过如果你有耐心的话，当时也可以做空这只股票。

整个大盘都处于暴跌之中。雷丁铁路未能在 142.75 美元处获得有效支撑。解盘交易者是在前期高点附近开始做空雷丁铁路。现在这只股票出现了巨大的向下跳空缺口。

所有个股都在暴跌。美国钢铁、美国精炼、南方太平洋

横盘整理区间突破后跟进是一个非常古老的交易策略。但是，直到今天你仍旧会发现在股票等金融市场上，它效力非凡。

铁路、圣保罗铁路等股票都在下跌。

联合太平洋铁路跌到了 181.625 美元。其他股票的跌幅同样巨大。

联合燃气也开始了暴跌。从 158.5 美元，接连跌破 158 美元、157 美元、156 美元、155 美元、154 美元，直到 153 美元。其中，在 158 美元处成交了 300 股大单。

雷丁铁路从 141.375 美元开始下跌。在 141.25 美元处成交了 500 股，在 141 美元处成交了 400 股。接着跌破 140.75 美元，在 140.5 美元处成交了 500 股，在 140 美元处成交了 200 股，在 139.75 美元处成交了 600 股。最后在 139.625 美元处成交了 500 股。

联合太平洋铁路则依次跌破了 181 美元、180.875 美元、180.75 美元、180.5 美元、180.25 美元、180.125 美元、180 美元、179.75 美元、179.5 美元，直到触及 179.25 美元才阶段性企稳。其中，在 180.125 美元处成交了 600 股，在 180 美元处成交了 500 股，在 179.5 美元处成交了 500 股，在 179.25 美元处成交了 300 股。

与此同时，纽约中央铁路则跌到了 127.5 美元。

上面这个实例体现了解盘交易者解读盘面的一个大致过程，同时也演示了如果通过观察其他个股的走势来把握进出场时机的大致过程。当股票与大盘同步，纷纷下跌时，下跌趋势就比较明朗，个股的多头离场信号和空头进场信号也就比较清楚。**其中一个比较有效的指标就是股价反弹或者是回调的强弱。**

联合燃气的暴跌，最后在 138 美元才阶段性企稳。该股的暴跌主要是由于最高法院的裁决引起的。这份裁决于当日 13：10 公布在通讯上。不过，在消息正式公布前几分钟盘口已经开始告诉解盘交易者了。**盘口比电话、即时通讯和小道消息更快速告诉了我们信息。**那些依靠打听消息进行操作的策略必然处于劣势之中。

当时，即便是公司内部的人也不知道最高法院会怎么决

下跌初期，下跌趋势并不明显，但是反弹越来越弱，做空良机就出现了。上涨初期，上涨趋势并不明显，但是回调幅度越来越小，做多良机就出现了。这个规律也适用于研究宏观经济数据，例如，2008～2018 年，中国经济货币宽松了三轮。第一轮始于 2008～2009 年，第二轮始于 2011～2012 年，第三轮始于 2014～2015 年。虽然每一次的放水都以稳增长或者保增长为核心理由，但是经济反弹的效果却是越来越弱。从季度经济增速来看，第一轮放水期间，中国经济增速从 6.4% 最高反弹至 12.2%，反弹幅度接近一倍；而第二轮放水期间，中国经济增速从 7.5% 最高反弹至 8.1%，反弹幅度大约是 10%；而在第三轮放水期间，中国经济增速从 6.7% 最高反弹至 6.9%。这样也体现了反弹的力度越来越弱，表明经济探底过程根本没有结束，剧烈的调整是不可避免的。这段批注写于 2018 年 8 月 8 日，立此存照。

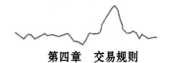

定，所以午盘走势显得沉闷。当那些在法院旁听的金融大佬们听到判决后，必然第一时间打电话到经纪人那里要求卖出股票，而**这一切必然体现在盘口异动上**。盘口解读者因此能够先人一步获取有价值的信息，他们在大众知道之前就已经做空了。

成交量及其重要性

股票投机如果不重视龙头股，那么就相当于南辕北辙了。

——魏强斌

所有这些研究的根本目的都是学习如何有效解读盘口信号。在继续展开之前，我将解释一个关键概念，如果不清楚这个概念，那么接下来的东西就很难正确而清晰地理解。

首先，我们必须意识到所有个股的交易市场无论其规模如何，必然是由两方构成的。买卖双方构成了股票市场，而买价和卖价则代表了他们的立场。

其次，我们需要区分最近成交报价和市价的区别。两者是截然不同的。例如，美国钢铁的最近成交报价为 50 美元，这意味着过去的事情。美国钢铁现在的市价则可能在 49.125~50 美元或者 50~50.125 美元。

买卖双方成交才能形成当下的市价。市价显示了多空力量的变化，空方卖出股票与多方买入股票的数目经过市价的调整才能达成均衡。价格调高达成均衡，意味着多头占优；价格调低达成均衡，意味着空头占优。

来看一个具体的例子，以便理解上述抽象叙述。现在美国钢铁的市价为 50.125 美元，而且盘口成交显示多头占优。

美国钢铁的成交流水如下：

500 股，50 美元；

1000 股，50.125 美元；

200 股，50 美元；

1500 股，50.125 美元。

价格调高才撮合了更大数量的成交，因此多头占优。

上述四笔成交表明，有 700 股是在 50 美元处成交的，有 2500 股是在 50.125 美元处成交的，意味着多头强于空头。由此推断，相比 49.875 美元而言，美国钢铁接下来更可能在 50.25 美元撮合买卖订单。当然，其中仍旧存在不确定性，因为供求处于是持续的变动之中，无论是美国钢铁还是其他股票莫不如此。

股票投机如果不重视龙头股，那么就相当于南辕北辙了。

如果仅仅交易龙头股，那么就存在一个优势。**整个股市的供求变化最先体现在龙头股上。任何主力，无论是庄家还是机构，无论是游资还是内幕人士，他们的踪迹都会体现在成交量上面。他们的动作必然无法完全隐藏和掩盖起来，大笔成交就是他们的马脚。**

放量上涨体现在盘口就是如此的成交流水。股票投机者要习惯于在股票软件中设定大笔成交的筛选器，选出一些个股放入股票池做进一步研究。

如果主力想要运作股价，那么必然需要大笔成交来推动或者打压股价，我们来看一个例子。联合太平洋铁路的成交流水如下：

1000 股，182.125 美元；

200 股，182 美元；

1500 股，182.125 美元；

200 股，182.25 美元；

3500 股，182.375 美元；

2000 股，182.5 美元。

我们再来看一个例子：

200 股，47.25 美元；

100 股，45.875 美元；

100 股，45.875 美元；

1900 股，46.75 美元；

100 股，46.125 美元；

100 股，46 美元；

100 股，46.625 美元；

100 股，46 美元；

600 股，45.875 美元；

100 股，46.5 美元；

200 股，46.25 美元；

500 股，45.75 美元；

100 股，46.375 美元；

100 股，46.375 美元；

200 股，45.625 美元；

600 股，46.25 美元。

中午 11 点时：

100 股，45.5 美元；

100 股，46.125 美元；

300 股，46.375 美元；

100 股，45.625 美元；

600 股，46 美元；

100 股，46.125 美元；

400 股，45.875 美元；

100 股，45.875 美元；

100 股，46 美元；

100 股，45.75 美元；

200 股，45.75 美元；

100 股，45.875 美元；

400 股，45.625 美元；

100 股，46 美元；

100 股，46 美元；

100 股，45.75 美元。

上面这个例子中，开盘时卖出价 46.75 美元，买入价 47.25 美元。第一笔买入单 200 股是在 47.25 美元成交的，支付了一个相对高价。

接下来，有大量的单子在 46.75 美元成交。买单基本上在这个点位上被消化了，因为此后都是小笔成交为主。再往后，大笔的单子都在更低的位置上成交的，这表明抛压沉重。盘口的上述特征表明股价存在继续走跌的可能。

另外需要补充一点的是，1900 股在某些个股上算是大单，在某些个股上则算不上，因此需要根据个股的情况来判断。

成交量和大笔成交的考量需要结合市况和个股的活跃程度，不存在机械死板的

就个股投机而言，价量异动是需要特别关注的。在A股，我个人比较重视三类异动：第一类是盘中出现连续大单，第二类是近一段时间出现过三连板涨停，第三类是当日出现在龙虎榜上的个股。大家可以从这三个方面入手去选择投机个股，结合大盘和题材筛选最终操作标的。在《题材投机——追逐暴利的热点操作法》这本书中，我们提出了一个AIMS的股市投机框架。其中M是大盘，S是题材，I是主力和板块，如何跟踪主力，连续大单、连续涨停和龙虎榜是利器。

规则。

无论如何，大笔成交与主力的关系密切。我曾经见过一个解盘交易者基于盘口异动追买，最后大赚一笔。当时他发现平时的冷门股西北铁路公司（Northwest Railway）出现了1000股的大笔成交，综合考虑之后他在高位追买。这只股票平时交投清淡，通常并不适合投机操作，但是异常大单的出现意味着主力可能介入其中，这就意味着后面可能存在大机会。

盘口异常大单究竟是怎么产生的呢？我们来看一个真实的案例。数年前，一家拥有纽交所场内会员资格的券商得到某个主力机构的买入委托，目标是取得某只铁路股的控制权。主力机构要求券商分批买入，避免引人注意。

最初的委托指令是："38美元以下的卖单全部接下来。"38美元要比前一个交易日的收盘价高出3美元，因此券商实际上获得了相当大的操作空间。券商向场内负责执行指令的操盘手下了指令："这只股票昨天的收盘价是35美元，你将低于35.5美元的卖单全部接下来。然后再报告场内的成交情形。不要主动追高去扫卖单，尽可能逢低去接，将符合要求的单子全部吃进即可！"

场内负责执行指令的操盘手站在拥挤的人群中等待开市。当证交所主席敲下木槌宣布开市之后，场内顿时变得忙碌起来。

这只铁路股的交易也开始变得热络起来。

场内有人喊道："35.125美元抛出2000股！"

另外一个人则喊道："35美元吃进500股！"

那位负责买进的操盘手会将35.125美元抛出的2000股吃进，同时会在35.125美元挂上100股卖单。这笔挂单的目的是压低市价。当其他人跟风，也在35.125美元挂出100股或者200股卖单时，他会悄悄地将自己的卖单撤下来。他希望借助于大众逐渐累积的卖单来打压股价。总而言之，当需要打压股价或者需要买入更多时，他才会挂出更多卖单。

挂单后又撤单，这种盘口伎俩以前在A股也很流行，随着大数据监管加强，这种做法很难长期大规模使用了。

现在回到盘口，开盘时在 35 美元挂出 500 股的买家撤下了 300 股，这个时候订单变成了"在 35 美元买入 200 股"。其他卖家将 200 股卖给了这位买家。

接下来，有人在 34.875 美元挂了 100 股的买单。操盘手马上抛了 100 股给他，目的是引导市价下跌。

有人在 35 美元抛出 1000 股。这是一次低吸的机会，操盘手马上吃进。

有人在 35.125 美元挂出卖单 500 股，操盘手立即接了下来。

上述过程的成交流水如下。

开盘价在 35 美：

2000 股，35.125 美元；

200 股，35 美元；

100 股，34.875 美元；

1000 股，35 美元；

500 股，35.125 美元。

解盘交易者对上述成交流水的解读如下：

开盘价在 35 美元，但是 2000 股的成交是在 35.125 美元，这表明有人在高位大举买入；

股价接下来回落到了 35 美元和 34.875 美元，但是对应的成交量都比较小，这表明抛压相对较小；

34.875 美元之后，有 2000 股在 35 美元处成交，当时的买入报价是 35 美元，卖出报价为 34.875 美元，这意味着买入者主动扫了上面挂的卖单；

接着，在 35.125 美元处又有 500 股买入成交。

上述解读表明多方处于明显优势地位，无论大举买入者是一个人还是一群人都无关紧要，该钢铁股短线上涨动能充足。

那么，主力如何打压股价呢？第一种策略是自己砸出比短期需求更多的筹码来压低股价，第二种策略是通过恐吓等手段诱导其他持股者卖出来压低股价。

主力可以从大盘和题材那里借力，利用利空或者大盘下跌来打压股价，进而吸筹或者洗盘。

市场本身并不在乎筹码具体是谁抛出来的，股价只体现了多空力量的对比。当主力指示操盘手打压股价的时候，操盘手会抛出筹码打压股价，直到实现既定目标为止。

假设某只股票现在的市价在 80 美元附近，操盘手得到指令要求把股价打压到 77 美元。

当操盘手进场观察时，他发现最近一笔是在 80 美元成交了 100 股，现在在 79.875 美元挂着 500 股买单，在 80 美元挂着 300 股买单。

操盘手开始出手了，他在 79.875 美元卖出 500 股，与上述挂单撮合。

有人在 79.75 美元挂出 200 股买单，操盘手在此价位上抛了 200 股。

有人在 79.5 美元挂出两笔 500 股的买单，操盘手在此价位上抛出 1000 股。

接下来在 79.25 美元有一笔 500 股买单也被操盘手吃进了。

最终，这位操盘手的一系列动作会在盘口成交明细上留下蛛丝马迹。

开盘价在 80 美元处：

500 股，79.875 美元；

200 股，79.75 美元；

1000 股，79.5 美元；

500 股，79.25 美元。

倘若这位操盘手在打压的过程中，在 79 美元遭遇强劲买盘，那么盘口就会有如下情况出现：

1000 股，79 美元；

500 股，79 美元；

800 股，79 美元；

300 股，79.125 美元；

1000 股，79 美元；

500 股，79.25 美元；

200 股，79.5 美元。

> 成交明细中的大单是最重要的数据，要围绕大单来思考背后的行为逻辑。否则，成交明细相当于是海量数据，每笔都去琢磨是不可能的。从整体出发，从重点入手。

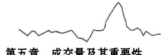

上述盘口数据表明在 79 美元处存在巨大的多头力量。假设在 79 美元处存在 1 万股的潜在需求，这对于操盘手而言是难以满足的。

当这种情况出现时，操盘手会离开人群，悄悄向上级请求指示。一旦他离开，那么股价的反弹就会随之而至。一方面 79 美元的强大买单使得场内交易者们有了做多信心，另一方面刻意打压的力量也消失了。这个时候，有人会在 79.5 美元买入，这样无疑会推高股价。

再来看一种情形，也就是属于不同主力的两个操盘手同时入场操作。操盘手甲的任务是打压股价洗盘，而操盘手乙的任务是吸纳筹码，两方的操作刚好是对立的。

盘口成交明细如下：

开盘时买入价为 80.125 美元，卖出价为 80 美元；

200 股，79.875 美元；

1000 股，79.875 美元；

200 股，79.625 美元；

500 股，79.75 美元；

300 股，79.75 美元；

1500 股，79.5 美元；

500 股，79.25 美元；

100 股，79.125 美元。

如果我们当时在场内交易大厅的话，就会目睹一个操盘手不断降价抛售，而另外一个操盘手则照单全收，全部接下来。这只股票的价格到底会在什么点位才止跌企稳，我们并不知道。但是，我们要关注这样一个转折点的出现，那是一个非常好的买入时机。解盘交易者不应该太在乎行情发动者具体是谁，或许是一个主力，或许是一群场内交易者，又或许是大众，这都不是最关键的问题。

对于解盘交易者而言，盘口语言是最为重要的信号，其中的数据体现了各种观点和力量，主力运作与供求关系都在上面得到了体现。一切观点和力量的综合体现就是盘口的成交明细，因此盘口比任何单独的市场参与者都更加客观和可靠。

一个成功的解盘交易者必须基于供求力量对比的思路去解析盘口，根据数据努力辨析出阻力最小路径，不要遗漏任何关键数据。特别是突然出现的大笔买入或者大笔卖出，这就是关键数据，其变化足以形成或者颠覆我们对个股运动的观点。

成交量的指示作用并非总是清晰准确，它也有出错的时候。除了成交量与价格相互参照之外，我们还需要个股之间的参照比较。如果交易者只是关注某只股票，完全

如果能够将盘口与题材还有大盘结合起来分析，那么在股票投机上就会有出众的表现了。

现在 A 股的大玩家们不断地根据大众的共识变化玩法。多年前，大众一般认为主力在低位吸纳筹码会持续至少几天时间，但很快就出现了拔高建仓的新玩法。几年前，新股连续一字板后放量开板后，往往会有第二波大涨，一旦大众都意识到这一点，大玩家们就改变打法了，他们在放量开板后不会大幅拉升，而是窄幅区间内高抛低吸，在震荡区域内割韭菜。

异常大量的出现值得投机者重视，特别是没有任何利好的情况下出现异常大量，这表明有先知先觉的资金进入，后者是有大资金想要引起市场的关注。

忽略了其他股票的动向，也很难把握住波动。

例如，某只股票处于飙升状态，但是相关活跃股的成交量却表明市场在大举抛售。这种情况出现的概率并不一定，在整个股市处于高位大幅震荡时这种情况更加常见，这往往是整个股市的转折点。转势的阶段，无论是主力吸纳筹码还是派发筹码，都会持续数天时间。

成交量数据可以从《华尔街日报》（*Wall Street Journal*）上面获得，不过要想更加可靠而准确地了解市场，还是应该亲自基于盘口进行解读。倘若你不能够每天花 5~7 个小时守在行情报价机旁边，则也应该安排人将每天的盘口记录保存下来，然后在空闲时间专门静下心来进行研究。如果你处于后面这种情况，那么就要尽量降低交易规模，但是一定要投入资金进行实际操作。

有几次，当我们利用前面示范的方法来解读盘口时，得出的结论可能与实际情形相反。其中一次的实例我们将在最后一章展开。

在这里我们先来谈谈雷丁铁路的实例。当时，**雷丁铁路的成交量突然放大，不仅超过其余个股，也超过了它前期的成交量水平。**

下面列出当时的成交流水：

700 股，143.625 美元；

500 股，143.75 美元；

5000 股，143.625 美元；

1700 股，143.75 美元；

200 股，143.625 美元；

4300 股，143.75 美元；

3700 股，143.875 美元；

100 股，144 美元。

中午 12 点：

5000 股，144 美元；

1300 股，143.875 美元；

3000 股，144 美元；

5000 股，144.125 美元；

2100 股，144.25 美元；

2200 股，144.125 美元；

3500 股，144.25 美元；

4000 股，144.375 美元；

3000 股，144.25 美元；

2500 股，144.125 美元；

3500 股，144 美元；

400 股，144.125 美元；

1000 股，144 美元；

500 股，144.125 美元；

1100 股，144 美元；

2000 股，143.875 美元；

2500 股，143.75 美元；

1000 股，143.625 美元。

从盘口来看，买盘旺盛，到了 144.375 美元就遭遇强大的阻力，股价难以继续上扬，开始拐头回落。本来股价放量上涨，应该继续上行，但是盘口却出现异常走势，同时其他个股却乏善可陈，表现平淡无奇。综合比较分析，雷丁铁路的股价明显有主力操作迹象，解盘交易者在做多这只个股的时候需要保持谨慎。

当股价回落时，下跌仍旧放量，下面挂的买单直接被砸掉。**如果股价趋势向上，那么应该是价涨量增，价跌量缩。但现在的情况是下跌也在放量。**当股价跌到 144.375 美元之后，大量的卖单对着下档买入挂单砸下去，在上档成交的股数则要少得多。

有时候，小笔成交的研究价值与大笔成交一样巨大。小笔成交就好比一支箭的羽毛部分，它们表明箭头在另外一端。换而言之，**小笔成交提醒交易者密切关注股价在另外一个方向上的变化。**

应该以大单为中心来研究周围的异常单，包括小笔成交。

我们再回到雷丁铁路这个实例上，可以查看上述成交明细中的小笔成交，小笔成交显示着存在某种压力。

不过大成交量在显示阻力和支撑点位上更加有效。 诸如联合太平洋铁路、雷丁铁路和美国钢铁这样的龙头股出现转折点时，其成交量往往达到 2.5 万~5 万股。巨大的成交量意味着巨大的反向对抗力量。

股价总是遵循阻力最小路径前行。 当你在山间行走时，碰到了一条小溪，如果你试图将它截断，那么肯定是徒劳的，这就是阻力最小路径。

无论是个股还是指数，它们都会沿着阻力最小的路径前行。如果雷丁铁路的股价处于上升趋势之中，有人卖出 1 万股，不能对股价造成任何显著打压。接着，有人卖出 2 万股，股价会出现回调，但是最终还是会创出新高。接下来，有人抛出了 3 万股，如果此点位的需求是 3.01 万股，那么股价会继续上扬；如果此点位的需求为 2.99 万股，那么供过于求，股价会回落。雷丁铁路的情况就是这样的，无论主力的单子有多大，只要市场供给大于需求，那么行情就必然转而下跌。

解盘交易者不用站在主力或者散户的旁边，就能通过盘口来洞悉主要参与者们的动向和力量对比演化。

接着，我们再来看一个实例，这是联合太平洋铁路的成交流水，可以发现当股价触及 149.75~150 美元这个区间时，大量抛盘出现，成交量显著放大，股价转而下跌。请看具体的成交明细：

100 股，148.625 美元；

1200 股，148.5 美元；

100 股，148.625 美元；

1700 股，148.75 美元；

2400 股，148.625 美元；

100 股，148.75 美元；

700 股，148.625 美元；

100 股，148.75 美元；

100 股，148.75 美元；

1100 股，148.75 美元；

1600 股，148.875 美元；

100 股，149 美元；

700 股，148.875 美元；

5700 股，159 美元；

4400 股，149.125 美元；

100 股，149 美元；

1500 股，149.125 美元；

2500 股，149 美元；

1300 股，138.875 美元；

1100 股，149 美元；

1600 股，148.875 美元；

1600 股，148.75 美元；

1100 股，148.875 美元；

600 股，148.75 美元；

300 股，148.625 美元；

600 股，148.5 美元；

800 股，148.375 美元；

500 股，148.5 美元；

1000 股，148.375 美元；

1200 股，148.25 美元；

500 股，148.375 美元；

3200 股，148.25 美元；

600 股，148.375 美元；

800 股，148.25 美元；

100 股，148.125 美元；

800 股，148.25 美元；

900 股，148.375 美元；

1700 股，148.25 美元；

2600 股，148.125 美元；

100 股，148.25 美元；

100 股，148.375 美元；

300 股，148.25 美元；

1100 股，148.125 美元；

400 股，148 美元；

500 股，148.125 美元。

中午 12 点：

100 股，148.125 美元；

700 股，148.25 美元；

100 股，148.375 美元；

1200 股，148.25 美元；

100 股，148.5 美元；

100 股，148.375 美元；

1100 股，148.125 美元；

100 股，148.375 美元；

100 股，148.5 美元；

200 股，148.75 美元；

800 股，148.75 美元；

800 股，148.5 美元；

2900 股，148.375 美元；

1100 股，148.5 美元；

500 股，148.375 美元；

300 股，148.25 美元；

800 股，148.375 美元；

700 股，148.5 美元；

100 股，148.375 美元；

400 股，148.5 美元；

100 股，148.75 美元；

1600 股，148.625 美元；

1800 股，148.75 美元；

400 股，148.625 美元；

400 股，148.75 美元；

900 股，148.625 美元；

100 股，148.5 美元。

下午 1 点：

800 股，148.5 美元；

100 股，148.875 美元；

200 股，148.25 美元；

100 股，148.375 美元；

100 股，148.25 美元；

100 股，148.125 美元；

100 股，148.375 美元；

600 股，148.375 美元；

100 股，148.5 美元；

900 股，148.25 美元；

100 股，148.625 美元；

200 股，148.25 美元；

500 股，148.25 美元；

500 股，148.125 美元；

100 股，148 美元；

700 股，148.125 美元；

800 股，148.25 美元；

400 股，148.375 美元；

1100 股，148.5 美元；

1600 股，148.625 美元；

2700 股，148.75 美元；

400 股，148.875 美元；

100 股，148.75 美元；

1200 股，148.75 美元；

600 股，148.75 美元；

300 股，148.875 美元；

3200 股，149 美元；

300 股，149.125 美元；

3000 股，149.25 美元；

1500 股，149.375 美元；

800 股，149.25 美元；

200 股，149.125 美元；

200 股，148.875 美元；

700 股，149.25 美元；

100 股，149.125 美元；

500 股，149.25 美元。

下午 2 点：

400 股，149.25 美元；

700 股，149.375 美元；

4300 股，149.25 美元；

100 股，149.125 美元；

1300 股，149.25 美元；

1500 股，149.375 美元；

600 股，149.25 美元；

1700 股，149.375 美元；

600 股，149.25 美元；

1600 股，149.375 美元；

2800 股，149.5 美元；

1400 股，149.625 美元；

500 股，149.75 美元；

600 股，149.625 美元；

10300 股，149.75 美元；

5800 股，149.875 美元；

6000 股，150 美元；

1600 股，149.875 美元；

300 股，150 美元；

800 股，149.875 美元；

1000 股，149.75 美元；

500 股，149.875 美元；

500 股，149.75 美元；

1500 股，149.875 美元；

100 股，149.75 美元；

500 股，145.625 美元；

1600 股，149.75 美元；

1100 股，149.875 美元；

100 股，149.75 美元；

500 股，149.875 美元；

4400 股，149.75 美元；

1000 股，149.875 美元；

200 股，149.75 美元；

100 股，149.625 美元；

1200 股，149.75 美元；

200 股，149.625 美元；

300 股，149.75 美元；

800 股，149.625 美元；

700 股，149.5 美元；

100 股，149.375 美元；

1400 股，149.25 美元；

1200 股，149.125 美元；

800 股，149.25 美元；

1700 股，149.125 美元；

2500 股，149 美元；

100 股，149.125 美元；

2300 股，149 美元；

500 股，148.875 美元；

1400 股，148.75 美元；

1600 股，149 美元；

700 股，148.875 美元；

500 股，148.75 美元；

800 股，148.625 美元；

100 股，148.625 美元；

400 股，148.75 美元；

2300 股，148.625 美元；

200 股，148.75 美元；

2800 股，148.625 美元；

1200 股，148.5 美元；

200 股，148.375 美元；

900 股，148.5 美元；

1000 股，148.625 美元；

400 股，148.5 美元；

500 股，148.625 美元；

1500 股，148.75 美元。

当溪流冲破阻挡时，它会进入到一个新的疆域。同样的道理也可以用在股价突破上，一旦关键点位被有效击穿，那么股价将进入新的空间。

箱体交易法其实就是基于这里阐述的原理建立起来的。

强大的阻力倾向于孤立存在，越是强大的阻力附近越不容易出现其他阻力。因此，一旦股价向上突破重要的阻力点位，**则交易者应该顺势追买。特别是当该股的突破产生带动效应，使得其他个股也跟随突破时，则更应该追买。**

虽然《华尔街日报》上刊行的各种报告和数据提供了许多信息，但是盘口提供的信息要更加及时，对于解盘交易者而言堪称唯一可靠的指南。

解盘交易者应该集中精力在解读盘口变化上，最好有时间临盘解读。股价在关键高点处的运动状态是很重要的盘口语言。例如，当股价下挫时，相应的成交量放大，则意味着有大举的卖出行为发生，这个时候行情报价机往往也处于繁忙工作状态；如果随后股价回升，相应的成交量却很少，则可以很好地确认趋势向下。

如果股价处于上升趋势，那么上涨过程中成交量往往放大，行情报价机处于忙碌状态。随后的回落却伴随着成交量

缩小，行情报价机的工作频率也会降低，这个时候交投变得沉闷。

另外一个行情启动的迹象，可以从活跃股票的成交差别上看出。来看一个例子：

1000 股，180 美元；

100 股，180.125 美元；

500 股，180.375 美元；

1000 股，180.5 美元。

在这个例子中，在 180.125 美元处成交了 100 股，在 180.375 美元处成交了 500 股，两个点位之间的 180.25 美元处没有任何成交。价格直接从 180.125 美元跳升到了 180.375 美元，这意味着买家急于买入。

> 成交稀疏区一般意味着阻力很小，成交密集区则相反。当价格再度来到前期成交稀疏区时，很少会受到阻力。

解读盘口没有太多死板机械的条款，而是需要开动脑筋根据具体情况去研判。盘口提供了一系列数据，解盘者需要从中找出有价值的线索。除非市场玩家们能够认真去解读，否则盘口语言是不会被掌握的。只要带着认真的态度下苦功夫，那么解读盘口语言也不是难如登天。

一些阅读过本书较早版本的读者在理解如何运用成交量上产生了一些误解，他们简单地认为只要看每笔成交倾向于多头还是空头就能判断出短期走势。这种认识显然是不正确的。

现在的撮合规则发生了重大变化。以前，如果某个玩家想要推动股价上涨，那么他们可以报出 1 万股甚至更大的买单，如果卖出的单子小于这个数量，那么就不能撮合成交，除非买方接受。

而现在的撮合规则是：如果某人在某个价位上挂出 1 万股的买单，那就意味着接受在这个价位上任何数量的买单，除非他特别申明只能全部成交，否则作废。

> 对倒这种伎俩现在越来越隐蔽，不过随着大数据监管措施的发展，对倒也变得越来越难了。纯粹依靠股价来诱导大众的策略其实是莽庄。真正高明的主力必然会借助于题材和大盘的力量，而不是单纯依靠盘口的复杂操作。

撮合规则之所以发生这样的变化，在于限制对倒等市场操纵行为发生的可能性。在旧规则下，有些大玩家通过故意报大单的伎俩来影响市场走势。这是哈里曼（Harriman）和标

准石油财团惯用的伎俩。这些主力经常报出很大的单子，然后进行对倒，进而影响市场的波动。

撮合规则改变以后，整体交易量也下降了，一些老庄股的股价也普遍回落了。

这个例子表明**解盘交易者需要关注规则变化对盘口解读的影响，要根据具体的变化相应地调整解读思路。**盘口解读的基本原理并未发生变化，但是具体的思路却需要调整。

在坐庄横行的年代，我们一直强调的成交明细就很少将交易者引入歧途。毕竟，**庄家要运作行情必然会出现大笔成交，因此可以从大笔成交洞悉庄家的动向。**庄家要运作股价必然包含三个阶段：首先是吸纳筹码（Accumulation），其次是拉升股价（Marking Up），最后是派发筹码（Distribution）。如果主力进行做空交易，那么这个过程就是反过来的，先是派发筹码，然后打压股价，最后吸纳筹码。

主力要完成上述三个阶段的运作，就必须调动大量筹码，否则就很难达到既定的目标。**就解盘交易者而言，必须关注盘口的大笔操作。毕竟，无论是吸纳筹码还是派发筹码，必然伴随着显著的放量，这些都会在盘口上留下蛛丝马迹。**

解盘交易者不会匆忙买入，毕竟大多数庄家要花费数周甚至数月才能完成整个筹码吸纳工作。因此，对于解盘交易者而言，有足够的时间窗口来买入低价筹码。**等待临界爆发点快要来临前，解盘交易者才介入，**并且因此节约了大量的时间，同时保持了资金的灵活性。

当吸筹完成时，拉升即将展开，这个时候解盘交易者应该马上介入，持股到庄家开始派发为止。如解盘交易者恰当地完成了前面的任务，则他们可以在卖出的时候收获丰厚的利润。我将在另外一章里面通过图表展示上述操作路线图，这会帮助大家更好地理解和运用上述流程。如果庄家运作的时间很长，那么解盘交易者将更容易看清楚整个过程，同时也有充足的时间窗口介入每个阶段的行情。

关于盘口解读的基本原理，你能总结出几条恒久不变的？

如何区分吸纳筹码和派发筹码两个阶段？区分手段很多，这里只讲两个：第一，看共识预期和市场情绪，一致看跌或者一致看涨，同时放量，前者是吸纳筹码，后者是派发筹码；第二，看持股人数，人数下降，对应的放量阶段是吸纳筹码；人数上升，对应的放量阶段是派发筹码。高位放量还有可能是换主力或者说主力相对高位加码，这个时候要看高位放量区是否被跌破。

起涨前的临界点有些什么特征？窒息量出现！股价整理到某个时刻出现了窒息量，也就是地量，那么拉升就要出现了。当然，这是一种常见的特征，但并非唯一特征。任何个股的边际分析都要晚于选股的超边际分析。只有选中了具备大幅上涨潜力的个股，才谈得上把握买点和卖点的问题。否则在一只"僵尸股"上耗费再多精力也是白搭。除了大牛市之外，大多数股票在大多数时候是"僵尸股"。

第六章

股市技术

无论是判断大盘还是个股，我们不仅要看它们在关键点位做了什么，还有看它们在关键点位不做什么。

——R. D. 威科夫

在 1909 年 2 月 27 日这个星期六的上午，大盘指数较前一晚的收盘价小幅高开。雷丁铁路的股票交投活跃，见到高点 123.5 美元之后，股价回落到了 122.5 美元。在这个点位附近，空单显著增加了。

随着股价持续回落，连续触及 122 美元、121.5 美元和 121 美元之后，主力做空的迹象逐渐明显。

当该股跌至 119.875 美元的时候，下跌趋势完全确立。

此后，股价快速反弹了 1.125 美元。

该股从 2 月初开始下跌，此前几个交易日有所反弹，但是今日的 3 美元幅度的下跌沉重地打击了前几日的回升态势。

雷丁铁路的股价下跌对于其他重要个股有什么影响呢？联合太平洋铁路仅仅下跌了 0.75 美元，南方太平洋铁路下跌 0.625 美元，美国钢铁下跌了 0.625 美元。这些个股并未出现大幅下跌，因此单纯从技术的角度来看，它们的表现还算强势。换而言之，这些个股的主力对于雷丁铁路股价的大跌并不感到担忧，基本没有受到影响。

但是，如果雷丁铁路从 145 美元高位，而联合太平洋铁

如何看行情？有针对性地看和漫无头绪地看，肯定是不同的。

路从 185 美元携手大跌，则对整个市场的影响肯定就大不相同了。

勘探者为了确认一个矿体的含量情况，会用金刚石钻头打洞，进而确定地表之下的情况。我们也用类似的方法对股市的顶部进行剖析和解构，这样就能明白：**在高位到底是谁在买，筹码在高位被主力交换给了谁。**

经过上述市场玩家成分的分析，我们会发现在高位大举买入诸如美国钢铁和雷丁铁路，以及其他主要股票的玩家往往采取了高水平的杠杆，他们缺乏市场经验，同时也不够果断。这群玩家在高位接了主力抛出的大量筹码，一旦市场有风吹草动，他们的脆弱性就表露无遗。他们持有筹码占比越高的个股，在下跌时跌幅也是巨大的。

从表 6-1 的数据可以推断出大众持有的美国钢铁筹码最高，持有的联合太平洋铁路的筹码最小，而雷丁铁路的大众持股水平则处于中间。

表 6-1　跌幅对比

上市公司	1907~1909 年的上涨幅度	1909 年 2 月的下跌幅度	下跌幅度占上涨幅度的比例
联合太平洋铁路	84.25 美元	12.375 美元	14.7%
雷丁铁路	73.25 美元	26.375 美元	33.6%
美国钢铁	36.25 美元	16.5 美元	44.6%

价格在关键点位处是破位还是见位？无论是 J. Livermore 还是江恩都非常注重：关键点位附近的价格运动，是突破还是反转？

换而言之，联合太平洋铁路从盘面来看，更为抗跌，而雷丁铁路和美国钢铁的股价则处于极端脆弱之中。

无论是判断大盘还是个股，我们不仅要看它们在关键点位（Critical Points）做了什么，还有看它们在关键点位没做什么。如果联合太平洋铁路的大玩家们在 120 美元以下吸纳筹码，然后在 180 美元以上派发筹码，那么该股就有可能下跌 30 美元。派发时，筹码从主力手里面转移到散户手里。

如果联合太平洋铁路的股价并未出现深幅回调，而是小幅回调，那么解盘交易者就可以据此推断该股比较强势，未来还会有较大的涨幅。

不少资深投机客偏好操作龙头股"第二春"。

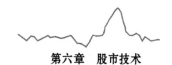

不过，即便主力原本计划在此后的两周内推动联合太平洋铁路上涨 30 美元，也可能因为一些突然事件或者条件不成熟而推迟很长一段时间。

无论具体情况如何，解盘交易者应该全面而深入地研究各种潜在可能。无论是时间还是金钱都存在机会成本，交易者必须最大化它们的价值。他需要努力寻找最大的机会，例如，找到一只股票能够在同一时间段内较其他个股多带来 10 美元幅度的利润。这才能将在证券市场中的成功概率大大提高。

一轮长期的上涨或者下跌通常在领涨股出现急剧大幅波动的时候结束。

以 1909 年 2 月 23 日的股市暴跌为例。当时，雷丁铁路的股价在一天之内从 128.75 美元重挫到 118 美元；美国钢铁则从 46 美元暴跌到了 41.25 美元；南方太平洋铁路缓慢从 97 美元见到顶部 112 美元之后，瞬间跳水 7 美元。

类似的例子非常多，这里就不再赘述了。除了个股之外，大盘指数也存在类似的现象，**在长时间的上涨或者下跌之后，股价突然大幅波动，这往往意味着趋势即将结束了。**

个股在面对消息和事件时的反应其实是一种重要的盘口语言，它会告知解盘交易者应该如何行动。

我们来看一个具体的例子。1909 年 2 月 19 日，美国钢铁公司宣布开放钢铁制品市场。这个消息发出来之后次日早晨，全美国人民都知道了。

解盘交易者在次日股市开盘前会分析和设想一下当日的走势：**由于这个消息应众所周知，因此开盘价会体现这则消息。**通常而言，利空兑现后美国钢铁和股市大盘指数应该低开高走的。隔夜美国钢铁的收盘价为 48.375 美元。现在整个股市的走势都有赖于美国钢铁的表现了。**美国钢铁对消息的反应将会告诉我们接下来怎么走。**

开盘了，美国钢铁较前日收盘价跳空低开了 0.75 美元，考虑掉消息偏空，那么开盘价完全在预期合理范围之内。

接着多空双方开始正式搏斗起来。开盘十分钟后，美国

见顶在技术上有些特别的形态，如流星线、双顶、顶背离等。宽幅震荡和天量日则很少被提及。

天量和宽幅震荡日都代表着极端情绪和高度一致的共识，背后是筹码与资金的集中大交换。

事件本身的性质并不关键，关键的是市场对事件性质的认识。这种认识可以透过盘口来获得。

钢铁出现如下一段成交流水：

200 股，47.875 美元；

4500 股，47.75 美元；

1200 股，47.875 美元；

1500 股，47.75 美元；

……

股价在区间内震荡，没有其他重要变化。

联合太平洋铁路在 177.5 美元开盘后，在同一个时间段内呈现上扬态势，带动其他个股纷纷上涨。

联合太平洋铁路能够将美国钢铁从下跌走势中带动上来吗？这对于美国钢铁后市的走势非常重要。

市场上存在多空两股力量，盘口解读者就像盘旋的苍鹰一样，仔细地观察着地面的打斗情况。

解盘交易者总是顺应阻力最小路径。

> 龙头股是联合太平洋铁路，它的强弱和带动效应，对整个市场的人气都有很大的影响。

联合太平洋铁路从开盘算起已经上涨了 0.875 美元了。南方太平洋铁路也跟风上涨。不过，美国钢铁却不为所动，仍旧在处于窄幅盘整状态。

美国钢铁在 48 美元的价位甚至连 100 股也没有成交过，许多单子都是在 47.875 美元成交的。其反弹势头非常弱，尽管当时传言这只股票是由哈里曼运作的。

联合太平洋铁路的盘口出现了向上突破的诱多迹象：

2000 股，178.5 美元。

而美国钢铁同时却选择了向下突破：

800 股，47.625 美元。

> 盘整区突破是一个重要的技术信号。简单、粗暴、有效的技术信号！

美国钢铁的盘口出现了做空信号，解盘交易者应该立即进场做空这只股票。从 47.5 美元到 47.375 美元属于成交密集区，解盘交易者大致也会在这一区域做空。

随着美国钢铁走软，联合太平洋铁路的股价也开始显露颓势，持续下跌，依次跌破 178.75 美元、178.25 美元、178.125 美元，最终跌到了 177.875 美元。

美国钢铁开始放量下跌：

6800 股，47.5 美元；

2600 股，47.375 美元；

500 股，47.25 美元；

8800 股，47.125 美元。

这时，个股纷纷跳水。雷丁铁路公司和宾夕法尼亚铁路公司（Pennsylvania Railway）是铁路板块当中最弱的个股。科罗拉多燃料公司（Colorado Fuel）的股价跳水 7 美元。钢铁股也纷纷下跌，美国钢铁出现大量卖单直接砸在买盘挂单上。

两个小时候的交易结束之后，大盘指数以当日最低点收盘。美国钢铁收盘价为 46 美元。

股市大跌，交易者的账户减值严重。继续持股的交易者只能忧心忡忡地度过假日了。

从解盘交易者的角度来看，接下来美国钢铁的股价还会大概率下跌。无论从什么角度来看，空头头寸应该继续持有，离场信号还未出现。如果是当日交易日，那么应该在收盘前离场。如果持有头寸过夜，那么应该在 47 美元设定一个跟进止损单，此前的初始止损单设置在 48.125 美元。

新的一个交易日当中，美国钢铁开盘报在 44.75 美元，单日最低价为 41.25 美元。

从这个实例中我们可以学到很多东西。成功地解读盘口依赖于对多空力量对比的研究。盘口解读者需要准确而及时地判断出哪一方的力量最大，并且果断跟随操作。

股价的每一次波动都涉及一些关键点位，在这些关键点位处的进退关乎整体趋势。这就如同一个人或者一家企业一样，关键之处的处置关系着整个未来的走向。

倘若联合太平洋铁路自己的多头力量能够保持相对优势，上涨动能充足，那么美国钢铁的下跌或许不会改变其上行趋势。不过，实际上联合太平洋没能维持优势，最终被美国钢铁的弱势传染，转而下跌。

研究股价对消息的反应是盘口解读者最有价值的训练之一。当股价或者指数在消息发布后突破的关键点位往往是接

趋势、位置和形态，三者相互联系。通过在关键位置的形态表现，可以看出趋势。阻力点位处出现多方炮形态，那么趋势继续向上的概率大吗？如果一个人在面临人生的重大关口沉着冷静，你觉得他未来的人生趋势是什么？关键点位的表现可以看出大势！

下来趋势的风向标。不过，股价的反应千差万别，并不容易完全辨别清楚。

关键点位本身并不重要，重要的是价格在关键点位附近的表现。这些关键点位有些很容易被识别出来，有些则需要技术手段确认。解盘交易者必须认真地研究价格在关键点位附近的表现，及时采取恰当的操作。

个股在关键点位附近的表现也值得盘口解读者去比较。**倘若某只股票出现了庄家的推升，突破了关键点位，但是带动效应很弱，那么这样的行情也很难持续。除非个股的驱动事件足够强劲，以至于可以特立独行。**

如果某种股票在利空兑现时并未出现显著下跌，那就意味着股价早已消化利空，内部人士随时准备买入。

一个卓越的股市玩家必然不断预测其他玩家的最可能态度和行动。有一次某个主力财团的成员对我说："我们明天准备解散了。"

"那你们持有的股票怎么办？难道不会有人私自抛售，从而损害其他人的利益？"

"当然，每个成员手里的头寸大家都清楚。或许某些成员会抛售 1 万股到市场上，但是我们对此也有了预防措施。考虑到这种可能性很大，因此我们已经预先做空了大概相同数量的股票。当抛售发生时，我们的空头头寸会获利，然后择机回补，相当于接了抛盘。"

他的这一做法告诉我们在操作的时候一定要考虑那些重量级玩家的可能行为。

盘口经常会向我们展示重量级玩家的态度和行为。有本二流杂志曾经刊文报道岩岛公司（Rock Island）的优先股在一个月内被打压到了 28 美元，期间传出公司将被接管。无论是盘口语言还是这些传言的出处，作者都搞没有搞清楚，自然也就无法得出有价值的结论了。

对于外行而言，盘口语言杂乱无章、扑朔迷离。不过，**岩岛公司的股价跌到低点后出现了企稳，然后放量向上突破。**

将盘口与题材结合起来分析！

你的利害不仅取决于你的行为，还取决于其他玩家的行为。

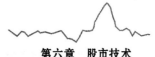

突破的成交量很大，与总股本或者流通股本比起来都显得很大。加上其他一些信号都表明这是一个明确的买入机会。

那么，站在盘口解读者的角度来看，这些信号意味着什么呢？岩岛股价已经跌了10美元，企稳后小幅回升，每日的成交量都很大。如果回升时放量，那肯定是代表多头力量，也就是说有大资金逢低买入。如果说放量是主力派发筹码，那么在这么低的位置上也说不通。排除掉那些不符合逻辑的假设，盘口解读者就可以得出一个确切的结论了。

除了持续运作股票的主力值得我们关注之外，还需要重视场内交易者。这群人也是市场的重量级玩家，他们十分留意市场的弱势股，并伺机做空。当股价飙升，乖离率大增，并且出现衰竭迹象时，他们会突然做空。在股市整体弱势的情况下，他们在某只领涨股上的大举做空会引发整个股市的暴跌。

当然，他们也不是只做空。如果他们发现涨势强劲，则会进一步发动逼空行情，促使空头头寸被迫高位回补。

市场里面有各种玩法，倘若解盘交易者能够做到洞若观火的话，就会抓住属于自己的良机。如果交易者在市场中具有很强的影响力，那么他们可以利用这种影响力来驱动市场，这样相当于别人帮自己把事情做了。

虽然日内交易者主要通过介入日内波动获利，但是他们也不应该忽略和错失了重大的波动。那么，如何捕捉重大的波动呢？我们以牛市的全过程为例。

牛市在绝望中诞生，当大众一片悲观时，上涨趋势就已经开始萌芽了。这个时候是高胜率的抄底机会。股价开始爬升后，乐观情绪会越来越强。在牛市的上涨过程中，回调是正常的现象，一般2~5个点，偶尔也会出现10~15个点的大幅回调。当然，每一年都会出现25个点左右的大跌，不过这对于有所准备的解盘交易者而言并非大难临头。

上涨中如果出现10个点的下跌，那么存在两种可能性。**第一种情况是股价或者指数接下来完全收复失地，并且创出**

N字结构是一种最基本的股价波动结构，如何正确地解读它，关系到对趋势的准确把握。参考附录二"股价走势的根本结构——N字结构"。

新高，这就意味着牛市还将继续；第二种情况是股价或者指数回升到下跌幅度的一半，那么解盘交易者就会预期下跌还会继续。

我们来看美国精炼的实例。这只股票在数年前创出了99.625美元的高点，此后由于传言行业竞争恶化，导致该股持续下跌到了78美元。

该股在79.5美元附近出现放量，筹码集中交换迹象明显，散户平仓和主力买入的特征显著。主力之所以敢在这里买入，应该是他认为该股已经跌了21.625美元，如果反弹幅度达到下跌幅度的50%的话，则反弹幅度可能会达到10.75美元，对应的点位是88.75美元。也就是说主力进来做一波反弹的话，行情高度是看到88.75美元的。

后来，这波反弹确实见到高点89.375美元。根据特定比率来预计行情目标只能作为参考，对于解盘交易者而言，成交量和成交明细才是最可靠的指示。当盘口表明应该在场外耐心等待时，解盘交易者不会贸然进场。

例如，当美国精炼从99.625美元的高点下跌15美元之后，盘口表明下跌还要继续，但是空间不大。在这种情况下，解盘交易者不会急不可耐地进场做空，当然也不会做多。他会等待股价出现企稳反转信号，股价每下跌1美元，距离底部就更近一些。暴跌之后，在场外持币等待买入的机会，这是最明智的做法。

我们再来看一个实例。1909年1月4日，雷丁铁路在144.375美元左右成交，到了月底降到131.5美元。

此后，在继续下跌10美元之后，见到低点118美元。这轮下跌的幅度达到了24.375美元。下跌期间分红2%，因此除权问题是考虑了的。该股的下跌动能充足，对于谨慎的交易者而言，如果他们想要寻找做多机会的话，就应该等待盘口给出明确的买入信号。

股价很少会连续涨三四个交易日而不做任何回撤，因此解盘交易者不要在股价已经长时间连续上涨或者下跌后追涨

50%是一个非常重要的行情运动比率，无论是 J. Livermore，还是江恩，或者是道氏理论研究者，以及各类波浪理论研究者都比较重视这个比率。可以参阅《高抛低吸——斐波那契四度操作法》和《斐波那契高级交易法——外汇交易中的波浪理论和实践》两本专著的相关章节，加深理解。

一只眼睛盯着大众的情绪，一只眼睛盯着自己的情绪，情绪是非常好的市场位置指标。大众和自己的情绪都处于高度乐观之中，那么顶部就在附近；大众和自己的情绪都处于极度绝望之中，那么底部就在附近。高度一致的预期和情绪，意味着反转；高度分歧的预期和情绪，意味着持续！我还没有看到过类似的表述，这恰好说明这些东西的价值。少数人阐述和掌握的东西往往价值更大！

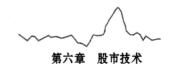

杀跌，这样的胜算机会很小。

日内交易对于解盘交易者而言更为合适，但前提是他们必须选择那些波动率大的个股。正如拿破仑所言："聪明之人从一切机会中获利，绝不忽略任何机会！"

日内交易的策略千奇百怪，机会自然也是层出不穷。例如，我曾经认识一个投机者，他每天都在 12 点买入，然后在 14 点卖出。

大多数散户都会采取这种毫无逻辑可言的策略，当然这也造成了他们普遍亏损。解盘交易者反对迷信任何没有缺乏逻辑、没有经过充分检验的策略，他们基于科学和理性来解读盘口，**他们知其然，知其所以然。**

高手的思维就是多问"为什么"，然后去深入思考，最终依靠解答"怎么样"而将思考结论落地于实践中。

收敛市况与机会

当市场上"最后一个多头"进场之后，就算没有利空消息来袭，但是这一因素也会导致股价下跌，最终引发整个股市崩溃。

——R. D. 威科夫

许多交易者倾向于认为沉闷而收敛的市场走势缺乏交易机会。

他们声称："在沉闷而收敛的市况中，交易者的手脚都被绑住了，任何策略都难以施展。想要从这样的市况中榨取利润，简直是痴心妄想。能够摆脱这种市况是最好的，因此从中捞不到一美元利润！"

说这样话的人肯定不是解盘交易者，他们事实上是坐等发财的人。其实，沉闷而收敛的市况提供了不可胜算的交易机会，我们需要做的就是放下偏见，找到潜藏其下的机会。

当指数或者股价处于沉闷走势时，往往是因为多空力量达成了均衡，这就好比一个逐渐停摆的摆钟一样，摆动幅度逐渐缩小，最后完全静止，如图7-1所示。

指数和股价是如何趋于静止的呢？将图7-1横过来，那么就得到了图7-2，你可以看到指数和股价是如何逐渐走向静止的。

这种市况往往出现在牛市的飙升和狂热之后。当股市处于高位的时候，大多数人在账面上是盈利的，而且非常丰厚，

市场的波动率具有周期性，波动率高了之后必然是波动率低，波动率低了之后必然是波动率高。波动率高的时候交易者确实更容易获利，但是如果能够把握波动率低到波动率高的临界点，那么利润就更高了，风险也更小了。在股票市场上，这个临界点往往就是窒息量。窒息量后出现翻倍放量，则波动率高的行情就开始了。

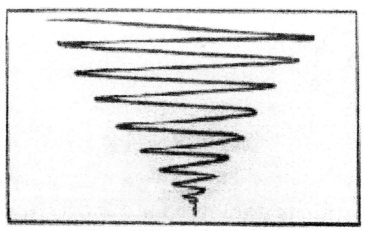

图 7-1　摆钟逐渐趋向静止的运动轨迹

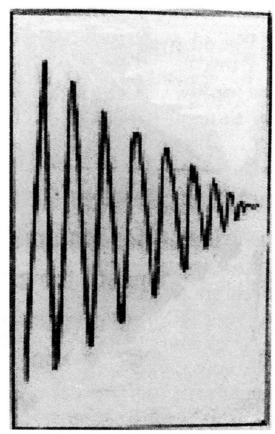

图 7-2　股市逐渐走向静止的运动轨迹

他们的仓位也很重。**当市场上"最后一个多头"进场之后，就算没有利空消息来袭，但是这一因素也会导致股价下跌，最终引发整个股市崩溃。**

自然之道，盈亏转换，损其有余，补其不足。盛衰沉浮乃是自然之道。

在大涨和大跌的间隙，市场陷入沉寂之中。走势沉闷，波动下降，交投清淡，交易者的激情下降，最终阶段的收敛状态出现。

如果要描述行情的整个周期，那么沉闷的收敛市况往往是每一波行情的终结。每一波行情受到特定驱动因素和普遍心理因素的推动，在经历萌芽、发展和高潮之后，动力也成了强弩之末。驱动市场的能量耗尽了，市场就走入冷清状态。

当股价或者指数波动率下降之后，在缺乏新驱动力的情况下会持续一段时间，这就是惯性使然。

当走势处于单边大趋势时，没有人能够确切地知道行情的幅度。当价格处于静止整理状态时，我们知道波动率降低了，市场走向了收敛状态。当收敛状态结束时，波动率将显著提高，大的运动又将出现。那么接下来单边运动的方向如何确定呢？存在一些分析手段可以用来完成这一工作，比如可以通过前面章节提到的股市强弱分析。

我们来看一些实例，便于具体理解收敛市况。1909 年 3 月，整个股市处于沉闷收敛的状态，下跌势头不足，显著上涨接踵而至，许多个股也纷纷上涨，以至于此前买入的交易者可以逢高卖出，获得几美元幅度的利润。

雷丁铁路这只股票在当时先是跟随大盘进入横盘整理阶段，波动率下降，走势沉闷，围绕 120 美元运动。许多此前买入该股的交易者在 120 美元的位置就被洗出去了。当主力发现洗盘成功之后，他们就准备继续拉升了，这就是我们介入的最佳时机。

当股价走强之后，股价对利空麻木，同时回调幅度也不大，那就意味着在波动率下降阶段和横盘整理结束之后，股

投机巨擘巴鲁克对于"最后一个多头"的理解和实践都堪称典范。当市场共识预期高度一致的时候，也就是"最后一个多头"进场之时。空头不死，多头不止，中国楼市何尝不是如此？当几个唱空楼市的大咖很久都没有发声之时，就是楼市步入熊市之时。

市场波动率的发散和收敛体现了市场的一种周期，而这种周期比其他玄乎其玄的周期更加可靠。诸如卢卡斯数列周期或者是斐波那契数列周期，以及江恩周期都存在好看不好用的问题，但是市场的波动率周期却要实用的多。如何理解市场的敛散二元性，请阅读附录三"波动率和敛散性：K 线和布林带"。

横盘整理突破！

变盘点从行为面可以如此确定：第一，布林带持续收口后开口的时点；第二，窒息量出现；第三，横盘整理区间的上边缘被突破；等等。变盘点也可以从驱动面和心理面来分析，这个大家可以下来动下脑筋。具体的分析手段可以参阅《题材投机：追逐暴利的热点操作法》和《股票短线交易的24堂精品课》相关章节，这两本书都可以到高校图书馆或者其他图书馆借阅到。

价还会继续上涨。

相反，如果股价下跌之后，盘面对利多消息毫无反应，那么股价在结束整理之后继续下跌的可能性更大。

谁也无法准确预测沉闷收敛行情的变盘点，只能根据盘面的变化做出及时的解读。如果交易者认为"今天交投沉闷，龙头股昨日波动也不大，因此今天也不会有什么大行情，用不着盯盘"，那么必然容易错失大幅波动。因此，这种想法是绝对错误的。

变盘点很难预测，但是当它出现时，盘面会有体现，如果放弃关注和跟踪，那么就很容易错失大机会。

当主力在 120~124.5 美元对雷丁铁路进行震荡洗盘时，许多交易者很快变得不耐烦。等市场的玩家们对震荡习以为常之后，突然在 125 美元附近出现了变盘信号，洗盘结束，大幅拉升开始了。

解盘交易者会较为清晰地看待震荡洗盘行为，虽然交投清淡，但是他明白一旦洗盘结束，那么后面的升势可期。在行情正式发动之前，解盘交易者已经收集足够的筹码。解盘交易者可以将筹码分为两个部分：一部分用来做趋势，另一部分用来做短线。

将头寸分为短线和趋势两部分，分别依据不同的条件出场。

当股价逐步上涨，超过成本区域时，解盘交易者可以为趋势头寸设定跟进止损单。这个止损单可以采取心理止损单的形势，避免被恶意触发。当主力出货打压股价跌破心理跟进止损价位时，交易者就应该立即将趋势跟踪头寸全部离场。无论主力如何狡猾，这个跟进止损都能应对。

此前，当雷丁铁路的股价处于区间震荡走势时，解盘交易者应清楚地看出了主力的意图和动向，松动的筹码都基本被主力吸纳。通过盘口语言得到的结论，让解盘交易者持股的决心更加坚定。

在解盘交易者看来，大涨或早或晚都会到来。一旦主力决定开始拉升，那么大的抛盘就很难出现，因此主力通过洗盘已经清除了不少浮筹。

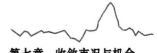

在变盘之前，解盘交易者需要密切关注盘口，因为变盘点也是加码或者进场的最佳时机。如果错过了这个时机，一旦股价正式拉升，则交易者就不敢追高了。

来看第二个实例。1909 年 3 月 26 日，雷丁铁路和联合太平洋铁路的交投都非常沉闷。这两只活跃股都不活跃，反而是一些低价股处于活跃状态，如美国甜菜制糖（American Beet Sugar）和堪萨斯南部铁路公司（Kansas City Southern Railway）。

雷丁铁路当日的开盘价位 132.75 美元，收盘价为 132.625 美元，最高价为 133.25 美元，最低价为 132.25 美元。

联合太平洋铁路的当日波幅只有 0.625 美元，最低价位 180.625 美元，最高价为 181.25 美元。

次日，开盘后的盘口看起来如同前一天一样，波动率很低，交投热情不高。

例如，沃巴什公司的优先股（Wabash Pfd.）和密苏里太平洋铁路等几只股票的涨幅只有 0.375 美元或者 0.5 美元。

联合太平洋铁路仅上涨了 0.125 美元。

雷丁铁路仅下跌了 0.125 美元。

美国甜菜制糖仅下跌了 0.625 美元，报在 32 美元。

雷丁的较大笔的成交如下：

1100 股，132.25 美元；

800 股，133.375 美元。

联合太平洋铁路较大笔的成交如下：

800 股，181 美元；

400 股，181 美元；

200 股，181.125 美元；

400 股，181 美元。

美国钢铁的交投非常清淡，在 45.5 美元和 45.125 美元各有 100 股成交。

市场成交处于窒息状态，大部分个股只有 100 股的成交。

瞬间，变盘点出现了，大笔成交开始出现了。例如，雷

没有好的防守点位，就不要进攻！

丁铁路的盘口：

2300 股，132.5 美元；

2000 股，132.5 美元；

500 股，132.125 美元。

沉寂的市况突然活跃起来，变盘点出现了，解盘交易者立即买入雷丁铁路的股票。

当雷丁变盘时，其他个股的反应却慢了半拍，只有纽约中央铁路的盘口出现异动：

500 股，127.5 美元。

纽约中央铁路的股价从 127.25 美元放量涨到 127.5 美元。

不久，美国甜菜制糖涨到了 33.25 美元，美国钢铁涨到了 45.125 美元，联合铜业涨到了 77.25 美元。

重要个股纷纷上涨：

雷丁铁路 300 股，132.5 美元；

美国钢铁 1300 股，45.25 美元；

联合太平洋铁路 100 股，181 美元；

雷丁铁路 300 股，132.625 美元；

美国甜菜制糖 100 股，33.5 美元；

联合太平洋铁路 700 股，181.5 美元；

纽约中央铁路 600 股，127.875 美元；

……

行情持续热络起来：

联合太平洋铁路 900 股，181.5 美元；

雷丁铁路 100 股，132.75 美元；

联合铜业 700 股，71.5 美元。

雷丁铁路的价量齐升：

800 股，132.875 美元；

100 股，133 美元；

900 股，133 美元；

1100 股，133.125 美元；

1500 股，133.25 美元；

3500 股，133.5 美元；

……

大势向上，越发明显！

雷丁铁路成了市场的龙头，带动效应明显。**价涨量增**，空头被迫平仓。

盘面显示部分交易者将手中持有的美国甜菜制糖换成了圣保罗铁路、联合铜业、美国精炼等大盘股。

到了中午 11 点左右，市场开始了短时间的休整。显著回调并未出现，股价也未出现疲弱迹象。

雷丁铁路的股价在 133.25 美元处获得强力支撑，联合太平洋铁路则在 181.375 美元处获得强力支撑。从盘面上看，主力并未大举抛售，因此解盘交易者也耐心持股。

短时间休整结束之后，股价再度拉升：雷丁铁路接连触及 133.375 美元、133.5 美元、133.625 美元、133.75 美元……联合太平洋铁路触及 181.625 美元；纽约中央铁路则在 128.5 美元、128.125 美元以及 128.25 美元几个价位之间高位徘徊；美国钢铁触及 45.5 美元……

当时联合太平洋铁路出现的成交流水如下：

1000 股，181.5 美元；

3500 股，181.625 美元；

2800 股，181.875 美元；

4100 股，182 美元；

……

市场处于持续的乐观之中，涨势一直维持到了收盘。几乎所有个股都以当日最高价收盘：

雷丁铁路收盘价为 134.375 美元；

联合太平洋铁路收盘价为 183 美元；

美国钢铁收盘价为 46.125 美元；

纽约中央铁路收盘价为 128.875 美元；

……

个股普涨，除非周末出现重大利空消息，否则下周一肯定会跳空高开。解盘交易者可以选择一部分筹码在当日高位了结，并为剩下的筹码设定一个跟进止损点，持有到下周。

从上述实例可以发现，在震荡收敛市况快要结束的临界点介入对交易者而言是上乘的机会。当联合太平洋铁路和雷丁铁路处于沉闷震荡走势时，**交易者可以在其震荡区间的高点和低点处各画一根水平线，当股价突破两条水平线之一时**，顺势介入。

盘整的时间越长，突破后的行情越大。

带量的三板连续涨停股，后市继续冲高概率很大，如果能够分散资金去玩，还是有较高胜算的。不过不要忘记一点：任何解盘交易者要想在这个市场中做大，绝不是完全依靠高明的判断，更重要的是限制亏损。无论是打板还是强势股阴线低吸，顶尖高手的成功率也没有你想象的高，但是他们认错的速度超乎你的认知！

当行情突破区间，从收敛走向发散时需要极大的爆发力才行，这个时候成交量往往会显著放大。

或许我举出的上述例子在读者看来不过是"马后炮"。你们或许认为我不过是纸上谈兵而已。事实上，当盘口数据出来时，我就根据其特征做出了上述判断，而此后行情的发展确实如最初所料。

上面介绍了一种交易思路，那就是当震荡行情濒临变盘点时及时介入；还有一种思路，那就是在震荡行情中高抛低吸。

这种做法其实并不保险，因为利润空间极小。有些龙头股在市况沉闷的时候也才一两美元的波幅，有时候甚至不存在利润空间，但是累计成本支出较高。

如果交易者实在闲不下来，那么最稳妥的做法是绘制出股价的波动图，从中找出关键点位，包括支撑点位和阻力点位，然后可以从中看到接下来波动的可能轨迹。

请看图 7-3，这是一只股票的波动走势图。这只股票在 181.25 美元开盘，开盘后小幅上扬。上扬遭遇的第一个关键点位是 181.5 美元。股价明显受阻于此，接下来股价跌到了 181.125 美元。

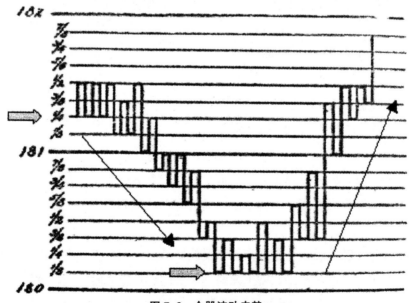

图 7-3　个股波动走势

如果解盘交易者仅仅凭着上述两个盘口信号就在以市价做空，那就太武断、莽撞了。

接下来，该股第二次上冲 181.5 美元，也以失败告终。

此后，股价开始逐步下落，低点和高点都越来越低。下跌过程中毫无像样的反弹。

股价一直跌到了 180.125 美元处，一个强有力的支撑点出现了。下跌态势显著减弱。**在这一关键点位处出现了小双底形态。**解盘交易者看到这一信号后，开始空翻多。

股价开始转而上涨。随着股价上涨，离前期高点越来越近。

解盘交易者密切关注股价在前期高点附近的表现，看是否需要多头离场。股价没有花多大力气就突破了前期高点。因此，解盘交易者继续持有多头头寸。

接着，我们进一步探讨解盘交易者两笔交易的止损单设置。当股价开盘后不久出现小双顶时，解盘交易者做空，进场后他会在 181.625 美元或者是 181.75 美元附近设立空头停损和反手做多的双重订单。倘若股价向上突破了 181.5 美元的关键阻力点位，则会进一步上涨，那么他就必须空翻多。如果他做空了 100 股的同时做多 100 股，那么就相当于是 200 股的多头订单。

当股价跌到 180.125 美元时，出现了小双底，这个时候解盘交易者进场买入，或者说做多。虽然解盘交易者判断股价止跌向上的可能性很大，但是必须做好更为务实的打算，即便你很乐观也要做好万全准备。

进场买入后，解盘交易者应该在 180 美元或者 179.875 美元处设置一个多头止损和反手做空的双重订单。如果 180.125 美元这个关键支撑点位被跌破，那么解盘交易者就必须多翻空。

上述这种操作策略适合震荡走势，但是可靠性很低。我不建议解盘交易者进行这类操作。因为当交易者试图从个股的震荡中获得微小利润时，结果往往是得不偿失的。毕竟，手续费和佣金，加上价差还有税收足以吞噬任何微薄利润。**震荡市中玩高抛低吸无异于火中取栗。**

小双顶形态出现！

区间走势其实并不像我们想象中那么规则。本例中的高抛低吸是在一个横向区间中进行的，其实胜算率从实际经验来讲并不高。真正有效的高抛低吸应该是一种趋势中的见位交易策略。"龙头股第二春"这种策略就是低吸的典范。低吸往往不是绝对的低点，而是上涨趋势中回调造成的相对低点。如何找到相对低点呢？从 K 线形态、震荡指标、斐波那契点位和成交量的角度去综合把握效果会很好。

这个市场中的真正赢家都是善于捕捉大波动的行家，只有等待才能带来真正的盈利机会。

股谚语有云："市场与我们同在！"（The Market is always with us！）。此言真实不虚。**市场永远都在那里，触手可及，没有必要勉为其难地交易。**交易的次数与交易成败无关，不能赚钱的交易还是少做、不做为妙。

如果整个股市处于清淡交投之中，那么暂时活跃的热门股由于游资的介入提供了一个交易机会。这些热门股往往与题材有关。解盘交易者并不介意题材叫什么，只要活跃，并且盘口出现了参与信号，那么就也可以介入。

无论题材如何，只要盘口出现活跃的迹象，成交活跃便于进出，那么就应该作为操作标的。

有一段时间，清淡市况中，美国甜菜制糖这只股票却比较活跃。这只股票即便对于经验不多的交易者而言也可以在30美元以下买入，然后当日收盘前离场或者是持有到次日。

下面是美国甜菜制糖在1909年3月26日的成交流水，从中你能够看出什么规律来？

700 股，29.25 美元；

200 股，29.375 美元；

900 股，29.25 美元；

500 股，29.375 美元；

700 股，29.5 美元；

200 股，29.625 美元；

900 股，29.75 美元；

1100 股，29.875 美元；

1000 股，30 美元；

500 股，30.125 美元；

100 股，30.25 美元；

100 股，30.375 美元；

100 股，30.25 美元；

600 股，30.375 美元；

1100 股，30.5 美元；

400 股，30.375 美元；

100 股，30.25 美元；

700 股，30.375 美元；

100 股，30.5 美元；

200 股，30.375 美元；

1300 股，30.25 美元；

200 股，30.375 美元；

300 股，30.5 美元；

400 股，30.625 美元；

100 股，30.75 美元；

100 股，30.625 美元；

100 股，30.5 美元；

100 股，30.625 美元；

600 股，30.5 美元；

100 股，30.625 美元；

400 股，30.5 美元。

上午 11 点：

200 股，30.5 美元；

400 股，30.625 美元；

900 股，30.75 美元；

100 股，30.625 美元；

100 股，30.625 美元；

200 股，30.5 美元；

200 股，30.375 美元；

100 股，30.5 美元；

100 股，30.375 美元；

600 股，30.5 美元；

500 股，30.375 美元；

500 股，30.5 美元；

100 股，30.375 美元；

100 股，30.25 美元；

100 股，30.375 美元。

中午 12 点：

200 股，30.375 美元；

700 股，30.125 美元；

100 股，30.625 美元。

下午 1 点：

200 股，30.75 美元；

100 股，30.625 美元；

500 股，30.5 美元；

200 股，30.625 美元；

1000 股，30.75 美元；

700 股，30.875 美元；

600 股，31 美元；

600 股，31.125 美元；

300 股，31.25 美元；

200 股，31.375 美元；

100 股，31.25 美元；

400 股，31.375 美元；

400 股，31.5 美元；

100 股，31.625 美元；

200 股，31.375 美元；

200 股，31.5 美元；

300 股，31.625 美元；

200 股，31.5 美元；

200 股，31.625 美元；

200 股，31.5 美元；

300 股，31.625 美元。

下午 2 点：

100 股，31.625 美元；

700 股，31.75 美元；

700 股，31.875 美元；

400 股，32 美元；

600 股，32.25 美元；

600 股，32.125 美元；

900 股，32.25 美元；

300 股，32.125 美元；

400 股，32.25 美元；

800 股，32.375 美元；

1000 股，32.5 美元；

200 股，32.625 美元。

堪萨斯南部铁路公司的股价在 1909 年 3 月 5 日的走势也颇具代表性。在当日上午，该股的股价都在 42.75~43.5 美元之间震荡。

中午 12 点，**该股盘口突然放量，交投异常活跃**。难道这只股票突然变得具有大众吸引力了吗？肯定不是。最大的可能性是大资金介入了，主力的大笔买入使得股价出现了上涨。

一只波澜不惊的个股突然交投活跃，盘口的种种迹象表明解盘交易者应该立即买入。跟随盘口，这是解盘交易者的圭臬。下面就是堪萨斯南部铁路公司当时的成交流水：

500 股，43.375 美元；

100 股，32.5 美元；

100 股，32.5 美元；

200 股，43.375 美元；

200 股，43.5 美元；

100 股，43.375 美元；

100 股，43.5 美元；

100 股，43.25 美元；

200 股，43.125 美元；

500 股，43 美元；

200 股，43.125 美元；

> 每次大笔成交都创出新高。

> 现在 A 股的游资进出很快，成交量异常仅仅是一个线索，还需要结合题材和主力席位来解析才行，大盘和板块也需要结合进来考虑。

500 股，43.25 美元；

400 股，43.125 美元；

100 股，43.25 美元；

100 股，43.125 美元；

200 股，43 美元；

400 股，42.875 美元；

300 股，43.75 美元；

100 股，43 美元。

上午 11 点：

200 股，43 美元；

100 股，42.875 美元；

600 股，43 美元；

500 股，43.25 美元；

100 股，43.25 美元；

100 股，43.375 美元；

100 股，43.25 美元；

300 股，43.125 美元；

500 股，43.25 美元；

100 股，43.375 美元；

400 股，43.25 美元；

200 股，43.125 美元。

中午 12 点：

100 股，43.375 美元；

500 股，43.5 美元；

100 股，43.625 美元；

400 股，43.5 美元；

200 股，43.625 美元；

1200 股，43.75 美元；

400 股，43.875 美元；

2300 股，44 美元；

1300 股，44.125 美元；

1400 股，44.25 美元；

400 股，44.375 美元；

1500 股，44.25 美元；

100 股，44.125 美元；

400 股，44 美元；

1800 股，44.125 美元；

200 股，44 美元；

800 股，44.125 美元；

400 股，44.25 美元。

下午 1 点：

200 股，44.25 美元；

800 股，44.375 美元；

100 股，44.25 美元；

300 股，44.375 美元；

600 股，44.5 美元；

800 股，44.625 美元；

200 股，44.75 美元；

300 股，44.625 美元；

200 股，44.75 美元；

300 股，44.625 美元；

700 股，44.75 美元；

900 股，44.875 美元；

1800 股，44.875 美元；

300 股，44.625 美元。

下午 2 点：

200 股，44.5 美元；

100 股，44.375 美元；

1000 股，44.5 美元；

300 股，44.625 美元；

600 股，44.75 美元；

100 股，44.625 美元；

500 股，44.75 美元；

1200 股，44.875 美元；

200 股，45 美元；

100 股，44.875 美元；

1500 股，45 美元；

700 股，45.125 美元；

400 股，45.25 美元；

700 股，45.125 美元；

700 股，45.25 美元；

300 股，45.375 美元；

100 股，45.25 美元；

400 股，45.375 美元；

900 股，45.5 美元；

100 股，45.625 美元；

700 股，45.75 美元；

700 股，45.875 美元；

200 股，45.75 美元；

900 股，45.875 美元；

1600 股，46 美元；

1400 股，46.125 美元；

1000 股，46.375 美元；

1300 股，46.5 美元；

500 股，46.625 美元；

200 股，46.75 美元；

500 股，46.625 美元；

1700 股，46.75 美元；

300 股，46.75 美元。

交易原则里面非常重要的一条就是较高的风险报酬率，或者说盈亏比。通过跟进止损点，一方面缩小了潜在亏损幅度，另一方面锁定并且扩大了潜在的盈利幅度。

该股的上行趋势明显，在几个关键点位都放量突破。当股价放量突破股关键点位的时候，解盘交易者可以加码买入，在平均成本之下不远处设定止损点。随着价格不断上扬，交易者也应该跟进止损点，这样就可以对浮动盈利起到一定的

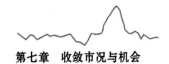

保护作用。

假设解盘交易者第一次买入是在 44 美元处，第一次加码在 45 美元，第二次加码在 46 美元。每次买入 100 股，最后在 46.625 美元处悉数抛出，那么可以获利 406.5 美元；每次买入 500 股，在同样的位置离场，最后可以获利 2032.5 美元。

第八章

运用图表预判行情

图表展示了股价波动的趋势，而盘口则提示了时机。

—— R. D. 威科夫

我收到了许多来信，它们基本是关于运用图表方面的有趣问题。下面这封来信提出的问题非常具有代表性：

这封来信曾经在第一期的《华尔街杂志》（Magazine of Wall Street）上介绍股价图表的运用。就个人的经验而言，我认为这张图表在跟踪主力吸纳筹码和派发筹码方面非常有价值。

我本人也在华尔街从业多年。此前，我与周围大多数人一样，对利用股价图表等技术工具来观察和研判市场表示怀疑。

但是，当我利用图表对联合太平洋铁路的股价走势进行深入跟踪和复盘之后发现，如果能够照此操作，那么利润是相当丰厚的。

不过，我同时也发现**你建议交易者要研究公司的基本面，而不能单纯依靠技术面**。你给出的理由是图表等技术面经常会误导交易者。

非常抱歉的是，对于你给出的这个理由我表示怀疑。你反复强调盘口语言包含一切，而我认为图表则是基于盘口绘制出来的。因此，在部分情况下，盘口可以显示主力吸纳筹码和派发筹码的行动。

既然如此，那么为什么交易者不完全按照图表来预判和

在单边上扬的行情中，你会发现技术分析是取款机。

兼听则明，偏信则暗。如果能够综合驱动面/基本面与行为面/技术面，甚至将心理面也囊括进来，那么研判的准确度会更高。

操作呢？为什么要浪费时间和精力在基本面分析上呢？

现在我就盘口解读和图表相关的东西全面展开一下。什么是图表分析，什么是盘口解读，两者之间存在什么区别，这是我首先要谈到的问题。

在图表运用上登峰造极的顶尖高手往往一次只交易一只股票。他们往往基于历史行情图表，然后遵循一套策略去研判和操作。这套策略可以简单，也可以复杂。

这些图表交易者将行情看作一套机器运行的轨迹，他们不会过多考虑个股之外的因素，而是严格按照图表信号进行操作。如果图表让他们保持空仓，那么他们就保持空仓。

与图表交易者不同的是，解盘交易者是根据当下的成交流水等盘口语言来操作的。图表交易者只操作一只股票，而解盘交易者则不会拘泥于特定的个股。图表交易者需要纸笔等绘图工具，而解盘交易者则未必需要这些工具。

在研判和操作规则方面，图表交易者比解盘交易者更加明确。解盘交易者面对更加复杂的变化，同时也需要更快地决策，因此经年累月形成的盘感在解盘交易者那里更加重要。

我曾经和一位朋友聊过一些盘口解读的诀窍。在交谈中，他询问我：是否对盘口解读的各种法则都熟稔于心，熟悉这些规则的具体情况？

面对他的问题，我用一个比喻来解答他的疑惑："如果你要穿过马路的话，你是否会遵循一套明确的规则来判断如何具体地回避电车和马车？当然不会，你会简单地朝两边看一下，然后就穿过马路了。或许你还在一边穿过马路，一边思考其他问题。直觉和经验接管了过马路的任务，这种状态与熟练解盘交易者的操作类似。"

图表交易者与解盘交易者的差别是显著的。不过，解盘交易者也可以利用图表来优化自己的交易。

价位图（Figure Chart）在侦测主力吸筹和派筹方面很有价值，是最好的图表之一。另外，这种图表还可以显示大波动涉及的关键点位。当交易者绘制价位图时，不能采用普通

财经媒体上给出的价格数据。

　　如果正确地绘制价位图，同时恰当地解读和运用它，那么即便初学者在不借助其他工具的情况下也能在股市中有所斩获。

　　图 8-1 和图 8-2 是联合铜业从 1903 年股市恐慌到 1904 年 3 月的价位图。

```
                              52
                              5151        51
                    5050    5050          505050
                    49494949494949    494949494949
                    48  484848484848484848  484848
                    47  47  4747  4747      47
46                  46    4646            464646
45                  45    45             4545454545
44                  44                44    4444
43      43  43      43                   43
42      4242424242  42                42424242    42
4141    4141    4141  41                414141  41  4141
40404040  40      4040  40  40         40  40404040
  3939393939      39  393939           39393939  3939
  3838  38        38383838             3838      3838
  3737            3737                           37373737
  36                                             36363636
                                                 35
```

图 8-1　联合铜业价位（1）

```
                                        47
                                        46
                                        45
                                        44
                                        43
                                        4242
                                        4141
                                        40
            39  39      393939        39393939
              38383838  38383838    38383838
        37  37373737  37    373737
        36363636  363636    3636
          3535      3535
          34
```

图 8-2　联合铜业价位（2）

从图 8-1 和图 8-2 可以看出一些门道来。1903 年年初股价曾经在 75.625 美元左右波动，当年最低价则是 33.625 美元。

最初股价一路下跌，跌到 36 美元后止跌回升，底部抬高。上涨了 7 美元之后，再度下跌，但是并未触及 36 美元，然后股价再度上涨，出现了 16 美元的涨幅。

上涨到高位后在 48~49 美元进行盘整。长时间在高位盘整，似乎表明出现了筹码的集中大交换。**主力在此期间究竟是吸纳筹码还是派发筹码，需要等待股价选择突破方向后才能得知。**

当股价触及 51 美元后，抛压显著，股价进一步下行的迹象明显。此后，股价果然拐头下跌，跌至 35 美元后企稳，股价在 36~37 美元进行横盘整理。此后，股价一度下跌到了 33.625 美元。**股价创出新低后回升，这是一个买点。**

接下来，**股价低点逐渐抬升，**在 38~39 美元出现筹码集中大交换。**在此震荡区间存在明显的主力活动迹象：一方面打压股价，另一方面大举吸筹。**在主力完成筹码吸纳任务之前，股价被牢牢地控制在 39 美元以下。但是，有一个特征值得注意，那就是**低点逐渐抬升。**

价位图可以告诉我们主力资金的动静，如果能够准确解读价位图，那么持续盈利也是水到渠成的事情。

本章开头引述的那封信的作者强调："当我基于图表对联合太平洋铁路的股价走势进行全面而深入的研究之后，发现如果照此操作将获利甚丰。"

其实，知易行难，"马后炮"式的分析是非常精彩的。这个来信询问的人可能从来没有在真实的走势中好好地运用一下价位图，当然也就把一切事情想得很容易了。

那么，如何才能真正地掌握图表分析方法，并且如实地检验自己的实际水平呢？可以让他人先准备一张个股的走势图、价位图或者其他类型的图表都可以。

准备者将股票的名称和下面的时间刻度隐藏起来。受试者写下自己的交易规则，然后基于这一套规则进行测试。用

34 美元的低点其实是一个空头陷阱，类似于 2B 底的概念。

一张纸蒙住后面部分，然后缓缓向右移动，记录下每次交易
的进出场情况，就好像实际操作那样。最后累计出交易的
盈亏。

到目前为止，我还没有见过长期盈利的纯图表交易者。
图表某些时候能够带来盈利，但是长期下来，比如一年下来
它能够让你赚多少钱呢？

价位图的绘制还有其他方面，将价位细化到小数点后而
不是基于整数；除了用来分析股价，也可以用来分析指数。

对于解盘交易者而言，前面呈现的这种价位图是个人认
为最佳的图表，可以与盘口分析结合起来使用。这种图表可
以帮助解盘交易者确认行情的变盘点，如整理结束的时机、
起涨点以及洗盘开始等。

简而言之，**图表展示了股价波动的趋势，而盘口则提示
了时机。**常见的股价走势图可以体现个股的整体走势，因此
这类图表展示了个股的历史走势，可以用来研判个股趋势。
但是，查看这类图表时，需要结合其他个股的走势来分析，
特别是要结合大盘走势来分析，因为个股免不了受到整体形
势的影响。如果仅仅只看一只股票的走势图，那么就很难搞
清楚实际情况。

作为风向标，一只股票某些情况下会带动整个市场上涨，
某些情况下会带动整个市场下跌。不过有时候主力会借用这
种思维，利用这只股票作为掩护在其他股票的出货行为。如
果交易者只根据这只股票的图表信号买入，那么就可能踏入
陷阱。

因此，盘口解读相对于图表分析具有一些具体的优势。
例如，盘口解读者会关注所有个股，而图表解读者则集中于
绘制某只个股的走势。前者更有利于交易者从整体出发看待
股市。

倘若解盘交易者想要将图表技术纳入到自己的分析体系
中作为补充，则最好在一张走势图上绘制出 10 只代表性股票
的高低点均价走势图。

图表必须与驱动分析和心理分析结合起来，盘口和席位的解读其实属于心理分析的范畴，也就是研究对手盘的动向。

将大盘指数和板块指数，以及龙头股的走势与个股走势叠加是投机客采用的分析策略。

威科夫此处讲的情况是当年的情况，现在的图表分析者并不局限于单只股票，毕竟行情软件的发展使得交易者不用花费时间在绘制图表上。

具体而言是利用 10 只股票的日高低点均价来绘制走势图，高点均价和低点均价谁先达到可以从图中展示出来。

这种绘图方式比道琼斯指数更加有用，因为后者只考虑了高低价的数值，但是并未展示日内的股价波动是先形成高点，还是先形成低点。从 1901 年 5 月股市恐慌下跌时的走势就可以看出来，日内的复杂波动被简单化了。

这种图表对于专注于日内交易的解盘交易者而言并无太大的价值，但是对于那些想要抓住 5~10 美元大幅波动的解盘交易者而言却很有价值。后者会等待幅度足够大的行情，因此他们会关注整个大盘和大势。因为当大盘和大势处于下跌趋势中时，个股也很难独善其身。

图表可以体现出大势，这是自然而然的事情。图表上的高点和低点越来越高，渐次抬升，这是大势向上的特征；图表上的高点和低点越来越低，渐次下降，这是大势向下的特征；如果高点或者低点在某一水平位置附近，意味着存在阻力或者支撑；如果股价横盘震荡，交投清淡，则表明处于沉闷收敛市况；**如果成交量显著放大，则存在主力吸纳筹码或者派发筹码的极大可能性。**

图 8-3 是一幅手绘的图表，特别适合用来研究成交量。

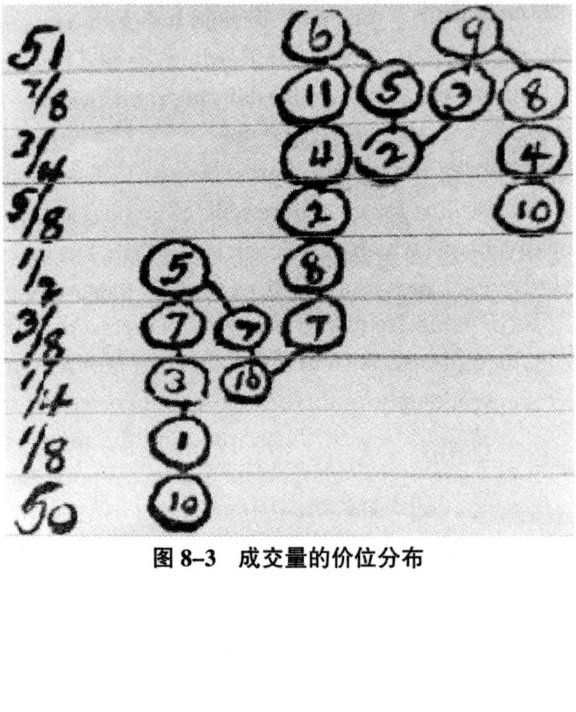

> 一是看高低点相对位置，二是看成交量异常。

图 8-3　成交量的价位分布

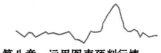

图 8-3 展示了某只股票一个交易日的波动情况，数字显示的成交量情况，单位是股。股价在某个点的波动对应着相应的成交量。从另外一个角度来看，可以横向加总某一价位的成交量。还有许多有价值的研究，可以在这类走势图中展开。

不过，善于解读盘口的交易者更倾向于直接解读盘口，同时忽略掉那些图表和指标。如果他们绘制走势图的话，肯定会干扰他们盯盘的过程。当然，解盘交易者也可以聘请一个助手来完成绘图工作。但是，我们仍旧建议刚开始学习解读盘口的交易者尽可能避免同时进行图表分析。

图表并非像来信读者所说的那样是简单地复制了盘口数据。图表是基于盘口数据绘制出来的，但是却无法将所有数据都绘制出来。

盘口将一切数据如实呈现，但是图表走势却做不到这一点，因此可靠度要逊色得多。

日内交易的优势

通过审视盈亏和复盘检讨，可以帮助交易者在未来做得更好，进而获得更多的利润。

——R. D. 威科夫

现在，我拿出一张三角形的吸水纸，最宽处为 0.375 英寸，用一枚大头钉将吸水纸固定。

接着，我找出一张白纸，在上面滴上一些墨水，让吸水纸去吸，吸水纸基本上将墨水吸干了。

这个过程其实直观地演示了股市上的供求关系。当股市上的需求大于供给时，盘口上会显示挂在上面的卖盘被主动吃掉，股价显著上涨。

当吸水纸吸收不少墨汁之后就处于饱和状态了。市场在上涨到一定程度之后就会处于滞涨状态，供求达到平衡状态。

这时候我拿出一支钢笔，挤出墨汁到吸水纸上，这就好比主力派发筹码阶段的情况。吸水纸无法吸纳这些墨汁，于是墨汁滴落到白纸上，这就是供大于求了。随着我挤出的墨汁越来越多，白纸上的墨汁也越积越多，这就是市场崩盘的情景。

这个直观地演示揭示了**市场中存在的几对矛盾：吸纳筹码和派发筹码、多头和空头、需求和供给、支撑和阻力等。解盘交易者越是精于权衡这几对矛盾，越容易在市场上取得**

反者，道之动也！

成功。

不过，解盘交易者需要铭记在心的是：**即便已经对盘口进行了极其精准的解读，但也可能因为突发事件而打乱接下来的走势。**例如，解盘交易者已经准确地判断出某只股票存在足够的买盘能够继续上涨几美元。但是，该股在上涨几美元之后出现了预期之外的巨大抛压，这可能是突发事件造成的。或许，股价在消化了这些卖盘之后会继续上涨，不过就突然下跌而言，该股已经偏离了最初的预判轨迹。

接下来举一个例子来展示交易者日内数次犯错的情况下仍旧能够以近乎盈亏相抵收场。我们来看 1908 年 12 月 21 日的盘口变化。

联合太平洋铁路当日低开，低于前日的收盘价：

500 股，179 美元；

6000 股，178 美元；

……

开盘后的几笔交易表明下方存在显著支撑，于是解盘交易者在 178.875 美元处买入 100 股联合太平洋铁路。

接下来，盘口出现大笔卖单，股价继续走弱的迹象明显，于是他在 178.25 美元处做空了 200 股，相当于止损了 100 股多头，同时在 178.25 美元做空了 100 股。

股价继续走弱，跌到 176.5 美元。盘口出现若干信号，表明抛压暂时衰竭：南方太平洋铁路和其他个股出现了走强；联合太平洋铁路上的空头出现回补离场：

600 股，176.625 美元；

1000 股，176.75 美元；

1000 股，177.25 美元。

如果解盘交易者认为趋势转而上涨，那么他就会在 176.875 美元买入 200 股联合太平洋铁路，相当于净买入 100 股。买入之后，解盘交易者就站在多方这边了。

接下来，股价波动变大，不过都是小笔成交。股价回升并不强劲，动量不足。解盘交易者据此预判联合太平洋的股

技术分析对市场的推断是建立在既定前提下的，但驱动面发生突变之后，这些前提也就不存在了。

横向观察其他个股的强弱，纵向观察大笔交易的变化。

价涨量缩。

价会恢复下跌走势。

股价回落，并且**跌破了前期低点，触及 176 美元。其他较为活跃的个股这个时候也变得弱势。**上述特征表明新一轮下跌即将登场。

于是，解盘交易者在 176 美元处做空了 200 股，相当于净做空了 100 股。股价继续走弱，反弹乏力，跌到了 174.5 美元。从昨日收盘价计算，下跌幅度已经达到了 6.25 美元。

解盘交易者通过盘口意识到阶段性底部就要出现了，于是他聚精会神地等待确认见底的信号出现。

大量的卖盘在 174.5 美元处被吃掉了，多空态势发生了变化。此后，股价回撤了一下，双底构成，抛压显著减少了。于是，解盘交易者在 174.875 美元处买入 100 股，相当于回补了 100 股的空头头寸。

当股价升至 175.25 美元的时候，解盘交易者买入 100 股。此后，升势流畅，收盘之前他在 176.625 美元处卖出了 100 股，结束全天交易。

当日的交易虽然最终以净亏损收场，但是整体上差不多盈亏相抵。如果除去佣金和税费，则有 102.5 美元的盈利。这体现了解盘交易者当机抉择和快速认错的优势（见表 9-1）。

表 9-1 当日交易绩效

买入点/做多点	卖出点/做空点	亏损	盈利
178.875	178.25	62.5	
176.875	178.25		137.5
176.875	176	87.5	
174.875	176		112.5
175.25	176.625		137.5
小计		285	387.5
佣金和税费		135	
净利润		-32.5	

从上述这个例子可以看出，交易的成功可以细化为如何减少亏损、佣金、税费和利息。

接下来，我们来检讨一下上述交易过程，**复盘才能带来进步。**第一笔交易进场是趋势还并不明显。解盘交易者看到 178.75 美元处及更好点位处存在大笔交易，因此认为支撑有力，股价有望进一步走高。

收敛形态代表犹豫，犹豫之后走向何方取决于趋势。阻力最小路径的判断可以依据市场心理，也可以依据驱动因素；可以依据筹码分布，也可以依据盘口流水。

斐波那契点位在盘口解读中也是大有用武之地的。

其实这笔错误交易是可以避免的，只要交易者进一步等待明确的趋势信号出现。一只股票在 0.5 美元之内企稳并不是任何明确的趋势信号，这不过表明多空双方处于均衡状态，此后的走势可能向任何一边发展——可以上涨，也可以下跌。

当第一波较大的运动出现时，交易者方能开启第一笔交易。这是一笔做空交易，而非做多。如果交易者能够避免第一笔做多交易带来的亏损，那么可以减少 89.5 美元的支出，同时盈利也会增加一倍。

第二笔交易涉及盘口解读的深层次诀窍。具体来讲就是如何厘清反弹还是反转。其中一个窍门是观察股价反弹的幅度，**通常情况下，反弹会达到前一轮下跌波段的 1/2 到 2/3**。假设此前股价下跌了 2.5 美元，那么反弹至少会达到 1.25 美元。相反，弱势反弹则很容易在触及 1/2 幅度之前戛然而止。如果出现这种情况，则意味着很快就会重新步入跌势。

当联合太平洋铁路在 176.5 美元止跌企稳后，逐步升至 176.625 美元、177.75 美元、177.25 美元。此前一轮下跌开始于 179.125 美元，结束于 176.5 美元，跌幅为 2.625 美元。根据这一下跌幅度计算，那么强势回升至少要求达到 1.25 美元的幅度，或者说回升到 177.75 美元。如果价位未能触及这一价位，则意味着下跌大概率会继续，交易者应该继续持有空头。

除了从上涨幅度可以看出问题之外，盘中的成交也显示出股价还会下跌。其间，成交点位突然下跌了 0.5 美元，这意味着抛压不轻，承接虚弱。此后有一段时间出现成交空档，上攻力度不足，缺乏上涨动量。

股价在上涨，但是成交量却是萎缩的，因此空头平仓理由不充分。如果价涨量增，则另当别论，可以在 176.875 美元附近做多。

盘口变化多端，换做是谁都无法做到万无一失。不过，如果能够避免上述两笔存在明显瑕疵的交易，则当日的利润可以增加到 421 美元。因为在 178.25 美元处做空的 100 股可以在 174.875 美元处平仓；而在 175.25 美元处做多的 100 股

可以在 176.625 美元处平仓。

通过审视盈亏和复盘检讨，可以帮助交易者在未来做得更好，进而获得更大的利润。

在前面的章节我已经强调过**平均盈利幅度超过平均亏损幅度的意义**。交易者是否能够获利，以及能够获利多少与此密切相关。如果能够达到一个恰当的盈亏比，那么剩下的工作就是增加交易的规模以便提升绝对盈利幅度了。

为了更好地追踪绩效和复盘检讨，交易者应该用笔记本将交易的过程记录下来，包括开立和了结头寸的数量、时间、价位，以及盈亏情况还有包括佣金在内的各种成本。

每笔交易后面应该记录清楚相应的盈亏，以及累计盈亏。通过绘制净值曲线可以直观地呈现绩效，避免交易者自欺欺人。毕竟，**人性总是倾向于遮掩失败，吹嘘成功。**客观的记录可以让交易者更加客观地看待和评估自己。

相对于不能盯盘且有不设立止损单的交易者而言，成熟的解盘交易者更能够限制风险和亏损。正是因为他们能够控制风险，自然也能够提升交易的规模。

成熟的解盘交易者的亏损幅度很少会超过 1 美元，通常不会超过 0.5 美元。**为什么他们能够将亏损限制到如此小的幅度呢？因为他们往往在接近关键点位的地方买卖。**他们会认真观察股价在关键点位处的表现。当股价在关键点位处突破或者反转时，他们会立即介入。

在上述联合太平洋铁路的交易中，亏损幅度分别为 0.625 美元和 0.875 美元。相比成熟的解盘交易者而言，这个亏损幅度有一点大。后者往往能够将亏损幅度控制在 0.25~0.5 美元。

成熟的解盘交易者能够有效地将亏损幅度控制在 0.5 美元之内。如此的亏损控制能力并不会让他们自鸣得意，因为幅度上的谨慎并不意味着交易频率上的放松。

他们不会冲动地频繁交易。盘口没有行动的语言，他们就会休息和观察。当交投处于长时间的稀疏状态时，交易者有了足够的时间进行观察和反思，因此没有行情的时间对于

没有复盘，就没有进步。那么，如何有效复盘呢？

先固定一个理想的盈亏比，再提供胜算率。如果先追求胜算率，那么很容易误入歧途。

现在绝大多数交易软件都有绩效统计功能，这个要善加利用。

关键点位包括重要的支撑点位和阻力点位。如何确定关键点位呢？第一，前期高点和低点；第二，窄幅盘整区间的边缘；第三，整数点位，往往是单零或者双零价位；第四，斐波那契数列点位……

持续活跃的股票，特别是近期内出现三连板涨停的个股需要重点关注。当个股的活跃时间超过一个阈值之后，那么就会持续很长时间。

交易者也是有价值的。

当然，**要想获得丰厚的利润必须要有行情才行**。当波动率扩大，交投活跃时，资深的解盘交易者能够读懂盘口发出的信号，及时进出，把握大机会。

行情往往是大资金们掀起的，当大玩家们介入诸如雷丁铁路、联合太平洋铁路和联合燃气这样的龙头股时，20点、30点，甚至50点的大幅波动都会出现。

当个股持续上涨时，解盘交易者面临一个艰难的抉择：是当日了结头寸，还是跟进停损等待市场回撤时了结头寸呢？是当日进出，还是持有数日甚至数周呢？

如何持仓？这个问题主要与解盘交易者的性格特质和风险偏好有关。

如果解盘交易者生性好动，对于小幅波动也异常敏锐，分析效率很高，进出迅速，从不拖泥带水，那么他就更适合当日冲销的做法。主要他逐步增加交易规模，那么迟早是一位成功的股票投机者。

相反，如果交易者生性静谧，厌恶频繁进出，喜欢抓住一个大机会，然后耐心持仓，等待市场给出趋势结束的离场信号，最终也能成为一个优秀的交易者。

什么是最好的持仓风格？这个问题其实没有唯一的答案。交易和持仓的风格在很大程度上与个人的风险态度以及决策风格有关系。

不过，在这里我可以给出一些个人意见。你如果认真阅读了本书，并且深入地进行解盘训练和实践，那么最终就会发现对于解盘交易者而言短线是更加现实的选择。解盘交易者基于盘口的微观信号行动，这些信号的持续时间不会太长，因此做长线的机会不多，做长期的胜算率也不高。

盘口提示的机会往往是 1~3 美元的波动幅度，至于 5~10 美元的机会其实要少得多。为了抓住后面大波动，解盘交易者会放弃数倍于此机会，以至于与许多机会失之交臂，最终得不偿失。

当然，解盘的知识也可以用来指导大波段交易，甚至趋势交易。许多短线工具，例如，回撤比率和关键点位同样也可以运用在波段交易和趋势交易中。市场的结构是全息的，因此许多工具可以用在各个时间框架上。

思维敏锐、判断迅速、观察细致的人才能够胜任解盘交易这种工作。而对那些做大波段和趋势的交易者而言，**技术分析往往不是重点，他们需要关注的是重大基本面变化和市场心理，他们也需要承受更大幅度的亏损**。趋势交易者不需要时刻紧盯行情的波动，他们具有从中长期分析的时空优势。因此，在许多层面上两种类型的交易者存在差别。

其实，**解读盘口的能力能够用来补充趋势分析；而解盘交易者也能够同时进行日内交易和趋势交易**，前提是后者不会干扰前者。这样就增加了利润来源。

来看第一个例子。当雷丁铁路从 144.375 美元跌到 118 美元后出现见底的盘口走势。解盘交易者逢低买入，**他可以将头寸分为两个部分：第一个部分是日内交易头寸；第二个部分是趋势跟踪头寸。**

趋势跟踪头寸可以长线持仓。如果判断正确，那么雷丁铁路的股价至少会上涨到 130 美元以上。解盘交易者可以随着股价上涨设置跟进止损单，一方面可以保住利润，另一方面可以限制风险。此后，该股上涨了大约 40 美元。如果缺乏相应的跟进措施，那么解盘交易者很难把握住这么大一波的利润。

接着看第二个例子。美国钢铁从 1908 年 11 月的 58.75 美元开始下跌，跌到了 1909 年 2 月的 41.25 美元。美国钢铁是当时股市的风向标，受到市场大众的广泛关注。当美国钢铁出现企稳迹象后，解盘交易者建立了多头头寸，份额比平时多了一倍，作为额外的趋势跟踪头寸。所有头寸的初始止损单设置在 40.75 美元处。

解盘交易者预估股价会回升 8.75 美元，升至 50 美元左右。对于趋势跟踪头寸，只要未跌破跟进止损单，那么他就

趋势交易者重在驱动分析；波段交易者重在心理分析；动量交易者重在行为分析。

多系统、多时间框架和多品种的全面分散，是现代期货管理基金策略的一个典型特征。

复合式头寸的一种典型做法是波段交易与趋势交易复合，或者是动量交易与趋势交易复合，又或者是动量交易与趋势交易复合。单纯的解盘交易，基本属于动量交易范畴，少数属于波段交易范畴。

会采取任何行动。哪怕股价涨到了 60 美元，他仍旧会继续持有。

类似的例子有很多，每年的股市都存在这样的大机会，解盘交易者如果能够抓住的话，将极大地提升账户的盈利水平。

不过，解盘交易者在进行这类交易的时候必须要明确区分两类头寸，否则很容易陷入到矛盾冲突之中，以至于两种交易都做不好。倘若趋势跟踪头寸影响了自己的日内交易，那么就应该果断地了结趋势跟踪头寸。如果一心两用存在困难，那就应该毫不犹豫地放弃一者，专注于另外一者。

例如，某个交易者在 43 美元处做多，100 股趋势头寸，200 股日内头寸。当盘口出现下跌信号时，他可能按捺不住将 300 股全部了结了。交易者很难同时在两个方向上操作，例如，短线多翻空，而长线继续持有多头。

这个交易者或许需要搞明白这只股票是否会在上涨 5 美元之前下跌 5 美元？这波下跌究竟是上涨趋势中的回调，还是大幅下跌的开始？上一次下跌后股价回升了吗？等等。搞清楚这些问题可以让交易者更加理性地对待趋势跟踪头寸，不至于被盘口变化所迷惑。不过要做到这点必须冷静而淡定，否则很容易被短期波动所误导。

从原则上来讲，交易者应该了结 200 股短线多头，继续持有长线 100 股多头。但是，这种同时看空又看多的立场往往让交易者自己也迷失在波动中了。

因此，对于大多数解盘交易者而言，最好的操作还是在每日收盘前平仓。收盘后到开盘前维持空仓，这样才能更加客观地看待市场和盘口。

典型的解盘交易者倾向于连续 10 个交易日每天挣 100 美元，而不是在 10 个交易日内依靠一笔大买卖赚 1000 美元。解盘交易者应该将风险控制在 1 美元的幅度以内，每 1500~2000 美元交易 100 股，力争每天都能盈利。

假定每天交易 100 股，连续操作 60 个交易日，每天的净利润为 25 美元，也就是说 0.25 美元乘以 100 股。60 个交易

如果要尝试两种存在冲突的交易思路，那么最好在两个账户上分别操作。期货市场上许多资深交易者或许会同时进行动量、波段和趋势三种交易，为了避免相互干扰，他们会开立两个以上账户分别运行。

美股日内交易追求每天盈利。每个交易员控制的资本金很少，依靠大量持续盈利的日内交易者，美股交易公司可以累积可观的利润。

日之后，他的本金会增加 1500 美元。这样他就可以提升其交易规模了，每天交易 200 股。按照同样的盈利速度，30 个交易日后就能够每日交易 300 股了……

上述这段说明的主要目的是向大家强调解盘交易者不应该追求最大化单笔利润，而是追求每天都盈利。

动量交易是通过提升交易规模来运用复利原理的。

最近，一位西海岸来客到我的办公室拜访。他先是对我的盘口解读著作大力称赞，接着提出自己想要到纽约金融市场试一下水。他带了 1000 美元本金，准备按照盘口解读策略进行操作，亏损不足为惧，只想知道自己是否适合解盘交易这个行当。

那时候 1000 美元相当于现在 10 万美元左右。

后来，他又第二次登门拜访，此时他已经融入到解盘交易者这个职业中了，似乎不会离开了。

他讲述了自己初入华尔街试水的经历。第一次拜访我之后，他挑选出一家可靠的券商，三天之后就正式做交易了。两个月内，他交易了 42 天，平均每天交易 10 次，最多不超过 20 次。

在实际操作过程中，干扰很多，小道消息和盲目猜测都会影响他的判断。**当相互冲突的信息出现时，他会根据盘口给出的信号去操作。**

媒体说什么并不是最重要的，资金做什么才是最重要的。听其言，观其行。行为无不在盘口表露！

在风险控制方面他也非常谨慎，亏损幅度很少超过 1 美元。最大的一次亏损幅度为 1.5 美元，最大一笔盈利的幅度为 3 美元。

通常他操作市场的龙头股，有时也操作其他个股。虽然他缺乏经验，偶尔也会受到小道消息与情绪的影响，但在考虑了各种成本之后，他仍旧处于盈利状态。

他入市后的这段时间整体行情不佳，但是却取得高于平均水平的成绩，因此不得不让人佩服和惊叹。

虽然他的绝对盈利不大，但对于一个新手而言，已足以接受我们的祝贺了。

当然，他还存在一个可以改进的地方，这个地方他或许还未意识到。他待在一家券商那里交易，环境嘈杂，各种小

进入投机的门槛太低，掌握投机的门槛太高。

道消息和意见充斥其中，这对于解盘交易者而言是极大的干扰。

这些都会对解盘交易者产生负面影响，导致他们偏离解盘交易的基本原理。不过，此君非常有自制力，他努力避免了糟糕外部环境的干扰。我坚信只要他恪守解盘交易的原则，克服自身的冲动与盲从，在一个波动率更高的市况中，他会取得更高的日均净利润。**投机是一门生意，必须通过学习才能掌握！**

案例和建议

行动时要保持头脑清晰和判断可靠!

——迪克森·G.华兹 (Dickson G. Watts)

最近对交易的一些观察和实践让我更加确信:难以根据行情启动时的波动来估计行情的准确幅度。飓风起于青萍之末,**大行情往往是在一些不那么起眼的情况下开始**。例如,一轮大跌可能开始缩量微跌,然后逐渐走低,接着放量暴跌,最终演变成崩盘。

对于解盘交易者而言,与其关心最终的行情幅度,不如关心介入的时机。倘若股价在 3 美元范围内窄幅波动,**突然向上或者向下突破区间,那么解盘交易者通常应该立即介入**。

除了突破区间这类信号之外,解盘交易者还需要注意回撤介入的机会。例如,股价上涨 3 美元后下跌 1~1.5 美元,但是下跌时明显缩量,那么下跌就是回调,而不是趋势反转。**这种缩量回调制造了逢低买入的机会。**

解盘交易者不会放任 3 个点以上的浮动利润从手中溜走,他会持续跟进止损,直到出现显著的回撤,这样便可以保住大部分利润。除了跟进止损之外,解盘交易者如果低位买入,那么在股价再度接近前期高点的时候也可能卖出,除非股价有突破前期高点的迹象。

成交在盘口解读中具有非常重要的意义,随着我们对市

如何确认行情的幅度? 技术派认为可以通过价格比率和时间周期来确认,基本派认为可以通过估值和量化模型来确认,心理派则认为可以通过主力成本来确认。但实际上,跟进止损和极大量出场可能更加好用。

破位进场和见位进场!

跟进止损属于后位出场,见到关键点位有拐头迹象则马上离场属于同位出场。进场策略有见位、破位、顶位;出场策略有后位、同位、前位等,系统的进出场点剖析请参考《外汇短线交易的 24 堂精品课》的最后两课"方法归宗之进场的四种方法:见位、破位、顶位和间位"和"方法归宗之出场的四种方法:同位、后位、前位和进位"。

场走势的研究越来越深入就会日益发现这一点。例如，窄幅整理走势的出现频率很高，在这类走势中股价持续数日维持 3 美元以内的窄幅波动，对于交易者而言这样的市况缺乏获利机会。突然盘口出现大笔成交，此前最大的单笔成交不过是数百股，但是突然几千股的大笔成交出现了。

尽管股价仍未完全脱离区间震荡过程，但毫无疑问的是行情即将展开。当股价还未突破区间时，我们无法判断出单边运动的方向。但是解盘交易者需要做好准备，随时跟随突破方向进行操作。解盘交易者不能预设立场，必须等待盘口信号，当趋势确认时再杀入其中。

那么，**什么是趋势确认的盘口信号呢？大笔成交突破区间。也就是放量突破的时候。**但是交易者必须对放量保持警惕，因为其中可能存在陷阱。一只股票突然上涨，并且突破前期高点，也存在主力拉高出货的情景，这就是多头陷阱。

如何区分真突破和假突破呢？最佳的方法是观察突破过程中是否存在异常交易，如果主力是为了拉高出货，那么肯定会在盘口留下蛛丝马迹。

来看一个具体的例子。1909 年 6 月，雷丁铁路的股价向上突破了前期高点 159.75 美元。**当时的成交量出现了"井喷"，在 159 美元附近 1 美元之内的范围内就成交了 8 万股，巨量的成交却未能让股价大幅上涨，这意味着股价很快就会下跌。**

这个例子就是主力诱多后出货的典型。倘若解盘交易者能够恰当地解读这一盘口信号，那么就能够顺势做空，从下跌中赚一笔钱。

接着，我们谈一下参与者的问题。很多时候我们会听到投机者抱怨说大众并不关注自己参与的股票，因此股价没有显著上涨，继续参与这只股票没有什么收益。其实，这些投机者未能认识到他们就是大众的一员。

在判断股市行情的时候，如果未能考虑主力资金的动向，那么可能会错失一些走势独立或者强势的个股，反而无意中介入到一些跟随大盘波动的普通个股。这些个股没有主力介

> 突破的时候，放量太大可能意味着抛压太重，或者表明主力拉升后反手出货。

> 市场上的交易策略总是成对出现的，如海龟交易法与海龟汤交易法。海龟交易法是破位进场，海龟汤交易法则是败位进场，也就是专门交易空头陷阱或者多头陷阱的策略。

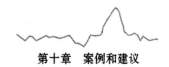

入其中，反而是普通散户在操作，自然机会就不大。

主力与大众完成筹码的集中交换之后，股价开始上涨，这个时候个股对大众缺乏吸引力。随着股价上涨，大众对个股的兴趣开始不断增强，越来越多的散户参与其中，最后连新手都蜂拥而至，这个时候个股的投机性就变得非常强，潜在风险也达到了顶峰。

当泡沫最终破灭的时候，盲目无知的人往往是损失最大的人。他们受到情绪的驱使而盲目介入，进而引发股价的大幅波动。对于解盘交易者而言，大幅波动的行情恰恰是最适合操作的行情，因为比起 3 美元的波动幅度，10 美元的波动幅度显然更加便于操作。

不过，随着参与热度提高，大众毫无理性地追涨杀跌，使得行情报价机与市价存在巨大的滑移价差。这让解盘交易者在解读和操作方面变得困难。

当某只波动正常的个股突然大幅波动，许多交易者都看到了盘口信号，于是纷纷买入，这导致实际成交价格远远高于他们最初预计的价格。由于行情报价机在这种情况下可能出现 5 分钟的延误，而经纪人此刻也异常忙碌，订单的撮合和成交会出现显著的时滞。

在这种行情中，止损单也很难及时成交，往往会出现显著的滑移价差。在某些情况下，本来关键点位是有效的，在正常的市况下是不会被触及的，但是在剧烈波动的市况中仍旧可能被意外触发。正常市况下，一般只需要在关键点位之外 0.25 美元处设定止损点，因为股价通常会在关键点位之外 0.125 美元处停下来。

下面讲到止损单。解盘交易者可以利用止损单来保护自己的本金和利润，随着交易经验增长，止损单可以更加有效地发挥作用。

对于解盘交易者而言，每天的利润可能并不显著，因此他不可能放任 1 美元甚至更大幅度的盈利化为乌有，这个时候跟进止损变得非常重要。

行情在悲观中启动，在分歧中发展，在乐观中结束。

113

来看一个例子。我最近一天做的交易很好地体现了上述思想。当天，我开头两笔交易是多头，总共亏损幅度不到 1 美元。

接下来盘口出现空头信号，而雷丁铁路是当时弱势的个股，于是我进场做空它。做空进场点在 150.75 美元处。

很快，雷丁铁路的股价就跌穿了 150 美元。于是，我将止损单下移到盈亏平衡点。股价微弱反弹后继续下挫，我再度跟进止损。跟进止损后，即便股价反弹，我也能够盈利离场。

雷丁铁路的股价出现了第三波下跌，我顺势将止损单跟进到市价上方 0.25 美元处。因为已经临近收盘了，所以我认为这是当日最后一波下行走势。下了止损单后，股价继续暴跌，抛压很重，于是我告诉经纪人马上以市价回补空头。最终，我在当日最低价上方 0.25 美元处离场，在考虑一切成本后盈利幅度为 2.625 美元。

我强烈推荐这种利润保护策略。在这个例子中，最终到底是利用跟进止损离场更好，还是主动市价离场更好呢？

如果采用跟进止损离场，则为利润进一步发展留下了空间和可能；如果以市价离场则丧失了这种机会。

对于习惯不持过夜头寸的解盘交易者而言，有一个折中的办法。在收盘前 15 分钟将跟进止损单移动到异常小的幅度，这样既可以等待利润发展，又可以保护绝大部分浮动盈利。如果跟进止损单未被触发，则在最后在即将收盘时主动离场。这样就可以最大化地从市场中攫取利润。

来看一个实例，如果交易者在 53 美元处做空某只股票，接下来该股跌到了 51 美元。这时交易者的明智做法是马上将止损单跟进到 51.25 美元处。当他跟进止损后，有三分之二的可能性他会获得满意结果：第一种情形，股价进一步下跌，利润扩大；第二种情形，股价回升到 52 美元，触发止损单，兑现盈利出场，股价进一步上涨；第三种情形，股价刚好反弹到 51.25 美元，触及止损单后，恢复下跌，他虽然盈利出场，但是却错失了更大的利润。

倘若股价在触发止损后呈现弱势，如只回升到 51.5 美元或者 51.625 美元，且抛压沉重，那么可以预判出股价倾向于恢复跌势，这时候再度做空的机会就出现了。

如果解盘交易者试图同时在市场中做空和做多，那么极其容易引发混淆和思维错乱。假设你在做空一只弱势股的同时做多一只强势股，最终你可能两笔交易都获利，但更多的情况是你的两笔交易相互干扰，在 80% 的情况下你会因此而犯错。如同迪克森·G.华兹（Dickson G.Watts）所说："行动时要保持头脑清晰和判断可靠！"

但是，如果你在市场中持有相反的头寸，那么头脑就会变得混乱起来，判断也会变得不可靠起来。股市整体的波动往往会对一个方向的头寸有利，而对相反方向的头寸不利，这个时候交易者的判断就会出现混乱。

对于解盘交易者而言，如果正在持有某只股票的空头，同时又发现另外一只股票的多头机会，那么最好在了结空头之后再建立多头。换仓的时机最好选择市场回调时，这样既能最大化空头的利润，又能够最大化多头的利润。

计划你的交易，交易你的计划，当盘口出现信号时，不要犹豫不决。

解盘交易者与盲目交易者相比，其中一个优势在于他能够根据盘面变化和盘口语言排除掉那些没有机会的个股，从而确定操作标的和持仓方向。**解盘交易者的进场点主要有两类：第一类是行情启动时的突破点介入，第二类是单边走势出现回撤并临近结束时介入。**

解盘交易者应该学会预判回撤的幅度，同时等待股价在预计的点位处企稳，让股价来确认自己此前的判断。当解盘交易者进场后，如果股价表现不佳，那么他会考虑马上结束交易。股价的表现与趋势关系密切，顺着趋势的方向，股价会有更大幅度的波动；而逆着趋势的方向，股价的波动幅度则短促。

那么，如何通过成交量来判断趋势呢？**如果趋势向上，那么上涨的时候应该以放量为主，其他股票往往也处于上涨态势，至少不会形成拖累。股价回落时，成交量应该缩小，这表明抛压较小。每一波上涨都应该持续一定时间，并且创出一个新高，否则上涨趋势有结束的可能性。**

解读盘口的能力能够让交易者在行情启动时就介入，同时能够追随趋势，最终在趋势快要结束前全身而退。在华尔街上，你是否听到过其他什么策略能够让交易者抓住行情启动点？其他方法大多数不管用。但是能够采用解读盘口策略来操作的少数人基本上处于赚钱的状态。

> 向上突破做多；向下突破做空；上涨回调做多；下跌反弹做空。

> 可以利用斐波那契点位预判少数几种可能的回撤情形，然后结合股价形态和成交量，以及震荡指标来确认具体的回撤结束点。具体策略和案例可以参阅《高抛低吸：斐波那契四度操作法》。

盘口、席位和筹码是 A 股解盘交易者需要重点关注的对象。

解读盘口是一门艺术，积累了足够解盘经验的交易者对市场的波动会更具洞察力，他们的技术最终达于化境，巨大的成功也伴随而来。

化弊为利

问题的关键不在于你想挣多少，而是你能够挣多少。

——R. D. 威科夫

良好的心态对于解读盘口而言是非常重要的。**对盘口进行解读时，需要专心致志，要排除各种执念，没有恐惧和焦虑，没有贪婪。**

当一个解盘交易者能够良好地管理情绪时，那么他做股票就非常轻松，如同玩多米诺骨牌一样。

如果出现任何干扰这种状态的因素，交易者应该立即予以清除。例如，如果交易者接连出现异常亏损，那么就会影响到他的心态，进而影响判断和操作，这个时候最好先休息一段时间，直到找出原因所在。

下面我给出解盘交易者的七戒（7 Commandments）：

第一戒律，不要频繁交易！一个交易者可能交易得过于频繁，这样是有害无益的。或许每天的行情中都蕴藏中许多机会，但是交易者应该选出最值得参与的机会，而不是草率为之。倘若当天缺乏最佳机会，那么就应该空仓等待来日。

第二戒律，消除焦虑！**如果交易者急于创造纪录，或者急于摆脱亏损，急于达到盈利目标，等等，就会带来巨大的压力，从而导致判断失常，最终导致绩效显著下降。**

解盘交易与母鸡下蛋孵化类似。如果食物不足，母鸡就

心静如水，水平如镜。无有恐惧，远离颠倒梦想！

长期熬夜很容易导致焦虑。焦虑是肾阴虚的典型症状，抑郁则是肾阳虚的典型症状。职业交易者多少都有焦虑和抑郁的症状，可以找一位合格的中医师诊疗一下。

会外出觅食，当然也就不能静下来孵蛋。同样，如果母鸡受到小狗或者男孩的打扰，也是一样的结果。另外，如果母鸡只能产下六个蛋，那么强迫它下七个蛋也是不可能的。

解盘交易者耐心等待市场自然发展，盘口告诉他应该如何操作，他从不强求市场照着自己的主观想法发展，因此也不会因为短期盈亏而担心。

第三戒律，**市场表现不佳，切勿操作**。在某些市况下，解盘交易策略并不适合。例如，股价波动杂乱，毫无趋势，这个时候盘口也缺乏操作信号，那么就没有必要勉强操作，否则很容易造成不必要的亏损。如果出现了类似市况，那么解盘交易者最好还是空仓等待。

第四戒律，雇用一个值得信赖的经纪人！如果一个经纪人责任心不够，效率低下，那么很可能耽误委托单的撮合和成交。在一个分秒必争的市场中，时间和金钱都是宝贵的，订单执行的平均时长不能超过一分钟。经纪人应该在最短的时间内报告止损单的执行情况。

我对经纪人的执行效率要求较高，到目前为止我的订单执行时间平均低于一分钟，最快的一次只花了 25 秒钟。我委托给经纪人的大部分订单在 30~40 秒钟之内执行完毕。执行上的细小时间差异，与我们跟电话的距离有关。

根据信号果断行动，不要拖泥带水。这是解盘交易者必须学会的一点！

第五戒律，不要给经纪人自由裁量权！你需要清晰地下达指令，不要存在歧义，也不要存在任何需要经纪人来决断的空间，例如，不要说"尽可能卖得高一些"，而要说"马上卖出。"

一旦留下需要经纪人来决断的空间，或许会有一些好处，能够获得更好的成交价，但这样意味着在相机决策中导致延误了进出场时机，最终带来更大的损失。

当我将订单执行时间控制在几十秒以内后，就能快速委托并且快速执行。当价格触及心理停损点之后，我会立即打电话委托经纪人马上以市价了结头寸。加上我有自己专门的经纪人，因此效率更高。

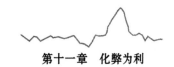

第六戒律，亏损后保持警醒和镇静！解盘交易者应该谨慎从事，交易规模应该在心理承受范围之内，同时符合资金管理规则。如果连续亏损导致焦虑不安，那么应该降低交易规模，如降为此前的一半或者四分之一。**当交易规模降低到让你足以安心的水平时，复盘和反思才能有效地开展起来。**

第七戒律，保持身心健康状态。如果一个交易者的身体状态不佳，或者是心理状态处于低潮，那么股票投机带来的情绪波动就是他无法承受的，当然也就无法恰当地予以管理。

如果解盘交易者的精力很差，那么就很难准确地记住报价，也无法快速有效地判断和决策，执行效率也会降低。如果你出现了交易疲劳综合征，那么最好结束交易好好休息一天，恢复精力。

上面就是解盘交易者需要恪守的七条戒律。当然，部分读者可能会认为专注于稳定获取小利的当日冲销交易不如持仓数天甚至数周的大波段交易，因为后者平均下来每天都有能几美元的价差利润。我承认大波段交易能够比日内较赚得更多，但是也需要认识到它也会亏得更多。**问题的关键不在于你想挣多少，而是你能够挣多少。**

解盘交易如同生产劳作一样，不积跬步无以至千里。解盘交易者能够让微利累积滚动起来，最终产生巨大的财富。为了展示这种震撼效应，我特地做了计算，假设起始资本为1000美元，通过250个交易日的努力，微利如何滚动为巨大的财富。假定这个解盘交易者已经掌握了必要的技术，每天只做一笔交易，每笔盈利12.5美元，资本每增加1000美元，他就增加100股的交易量。

最终的绩效取决于解盘交易者每日的盈利能力，具体的交易规模取决于他的资金情况。如果他的水平了得，那么就很容易在亏损后及时离场并且很快通过后面的交易把亏损抹平。

他在操作并不采取加码策略，如果资金增加，他会增加每笔交易的规模。当你有足够的本金时就会加大投入，这是

不要对人的心理素质要求过高，最好还是通过外界和环境的调整来改变心态，而不能寄希望于"咬牙切齿"与"钢铁般的意志"。如果我们大量的精力都被用来压制负面情绪，那么就剩下不了多少精力用来处理真正的问题了。用空间来隔绝干扰，通过调整头寸规模来调节心理状态，这才是可行之路。

你有多大的梦想并不是关键，关键是你有多大的实力。这个世界从不缺乏五彩斑斓的梦想，但却只有很少的人愿意下功夫去积攒所需要的实力！向宇宙下订单就能成功，那是痴人说梦而已！乔布斯认为靠想象就能杀死癌细胞，最终结果如何？想象是第一步，行动才是后面的一万步！

所有富有成功意愿的商人都会干的事情。

假设每股盈利 0.125 美元，资本每增加 1000 美元，就将交易规模增加 100 股，250 个交易日后的绩效后如何呢？结果见表 11-1。

表 11-1　微利的滚雪球效应

交易规模（百股）	日均盈利（美元）	阶段盈利（美元）	阶段天数
1	12.5	1000	80
2	25	1000	40
3	37	1012.5	27
4	50	1000	20
5	62.5	1000	16
6	75	1050	14
7	87.5	1050	12
8	100	1000	10
9	112.5	1012	9
10	125	1000	8
11	137.5	965	7
12	150	1050	7
		12137.5	250
		-1942 利息和佣金	
		10195.5 净利润	

假定一年有 300 个交易日，那么 250 天就相当于 5/6。也就是说以 1000 美元开始，做到 10 个月后，解盘交易者的交易规模已经达到了 1200 股，每周六个交易日，获利 900 美元（150×6），这样算下来一年可以获利 46800 美元。

某个人在运用解盘交易策略时，第一笔交易就亏损了 20 美元，随着技术水平提高，他逐渐将亏损幅度降到了 12 美元、8 美元，最后成功抹平亏损开始盈利。现在，他仍旧坚持每天交易 100 股，日均盈利为 12~30 美元，这是小资本交易者的例子。如果交易者拥有中等水平的资本规模，那么他可以每天交易 1000 股，日均利润在 150~350 美元。

当时美国的股市星期六还可以交易。

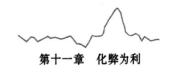

我认为随着经验和技术的累积，日均利润会逐步增加。开始的单笔平均利润幅度只有 0.125 美元，有些人认为这个利润太薄了，频繁交易手续费太高，最终会抹平微利，因此应该降低交易次数。

或许我没有清楚地定义过度频繁交易的含义。解盘交易者只有在有明确盘口信号出现时才采取行动，但是他在进场的时候无法准确预知利润幅度。不过，**我可以尽量选择离关键点位更近的地方进场**，这样止损幅度就能被限制在 0.25 美元或者 0.5 美元幅度之内。当行情如预期展开后，我会跟进止损，保护盈利，限制亏损。

盘口信号告诉我应该离场则离场，不会勉强追求更大的利润，贪婪就是不听市场的警报。一方面我观察盘口的离场信号，另一方面我会跟进止损。无论止损单放置在什么点位，我都会关注市场给出的即刻离场信号。有时候盘口会发出"逃离"的警报，犹如闪电划过黑夜的天空，有时候则是价格反转触及了跟进止损单。

两个离场信号看哪个先触发。

当盘口让我逃离时，我绝不会犹豫，账户是亏是赚并不重要，当日累计盈亏也不重要。对我而言，平均盈利远比单笔盈亏更为重要，长期盈亏比一时得失更为重要。我需要全方位地提高解盘交易的各种素养，只有这样才能持续成功，经验可以累积，但是努力的方向必须正确。

大部分人在人生和事业上犯了南辕北辙的错误。

为了进一步呈现解盘交易法的实际表现，我将描述自己最近进行日内交易。当天我一共进行了 3 笔交易，进场和出场共计 6 次，6 次订单中 5 次的成交价都未偏离委托价格超过 0.125 美元。最后一次成交，成交价比委托的卖出价高出了 0.625 美元。

下面我就详细地介绍一下。开盘时，我并未立即进场。堪萨斯南部铁路的交投清淡，突然间盘口上出现了 2600 股的大笔成交，成交价位是 46.75 美元。

于是，我马上委托买入。单子还未成交，盘口报价已经变成了 46.875 美元，很快又变成了 47 美元。成交后，股价稳

健上扬，见到 48.625 美元之后回落到 48.5 美元。我立即委托卖出，当天该股再也没能涨到 48.625 美元。

接下来我操作了雷丁铁路。盘口上来看，该股上涨动量很足，但是有人为压制迹象。开盘价为 158 美元，股价小幅上扬后出现回调。回调到 157.5 美元时企稳，于是我下单买入，实际在 157.625 美元成交。随后，股价快速涨到了 158.75 美元。盘口出现阶段性见顶信号，于是我立即离场，不过该股继续上涨，最终在 159.375 美元见顶回落。最高点比我卖出的点位还要高 0.625 美元。

当我了结雷丁铁路的头寸之后，南方太平洋铁路公司的股票也出现了机会。于是我立即在 135 美元买入，股价很快触及 135.5 美元。这个时候，许多个股的盘口显示**人气亢奋、股价滞胀**的迹象，于是我立即委托卖出雷丁铁路。此后来看，135.5 美元成了当日最高价。

整个交易日，我进行了 6 次操作，其中 5 次与预期基本相符。我想通过这个例子直观地展示了解盘交易法的胜算率。这样的交易业绩并非偶然出现，而是常态。

倘若一个解盘交易者在第一个交易日每股的盈利幅度能够达到 2.375 美元，接下来两个交易日总共亏损幅度为 2 美元，那么三个交易日下来，他的盈利幅度日均 0.125 美元，三日累计盈利幅度则为 0.375 美元。解盘交易者或许会在一段时间内赚钱，另外一段时间亏钱，情绪起伏是难免的。**只要他能够恪守规则，循着正确之路前行，那么困难不是绊脚石，而是垫脚石，最终他会如愿以偿。**

熨平成长和进步的周期只是一枕黄粱梦而已，要进步就必然经历起伏，起伏可以变小，但绝不可能消失，也不可妄想做到"无痛"。没有痛苦，就无法取得真正的进步，无论是个人进步还是经济发展都是如此。所谓"空中加油"式的变革可遇而不可求。

离 场

如果仅仅关注题材的变化，而不关注盘面的动向，那是不可能把握住市场机会的。

——R. D. 威科夫

研习盘口解读技术的人，特别是勇于实践者，必然处于持续的进步之中，他会发现进化出一些新的观点，进而修正和完善此前的方法。每一次的提高都使得他的视野更加广阔，存在的问题也逐渐清晰明了。

此前，我们将盘口解读定义为**判断价格短期趋势（The Immediate Trend of Price）的艺术**。倘若解盘交易者能够大概率地做到这一点，那么股市就是利润的源泉。

不过，通过正确地解读盘面，进而识别出趋势和进场时机，只完成了整个工作的一半。**完成的交易过程必然包括离场，这一半工作即便不是最为重要的部分，至少也是同样重要的工作。**

当累积足够的经验之后，量变导致质变，我突然意识到自己大部分亏损都源于在短期趋势的终点未能及时离场。例如，在牛市的某个交易，纽约中央铁路的股票是领涨股，但其盘口却出现了回落征兆，可能是雷丁铁路和美国钢铁的弱势拖累了纽约中央铁路的表现。就技术指标而言，基本处于多头状态，因此我在做空上显得犹豫。相反，我正在寻找买入良机。

在趋势交易、波段交易和动量交易三者中，趋势交易最为重视离场；不懂离场，趋势交易就掌握不了。对于动量交易而言，离场的重要性与进场差不多，甚至有部分业绩优秀的 A 股打板交易者告诉我：买对了，卖就容易了。

股市整体回落，雷丁铁路和美国钢铁抛压最为沉重。我紧盯盘口，**当这两只领跌股的抛售停止后，我立即进场买入纽约中央铁路**。我的买单在 137.25 美元处成交，10 分钟后盘口显示在 139 美元有 5000 股的大笔成交出现。

大单出现了，股价却滞胀了，多头陷阱的意味浓重。盘口表明股价继续上涨的可能性不大了，这一波上冲已经阶段性见顶了。我读懂了盘口语言，但是却未能及时离场。虽然牛市整体向上，股价可能创出新高，但是 139 美元显然是一个日内高点，回调是大概率事件。

此后，该股确实回落了，抛压沉重，整个股市也出现了回调。由于我未能及时离场，导致利润大幅缩水，只赚到很少一部分。

这笔交易应该这样来操作，在 139 美元出现大笔成交，但是价格滞胀时，我应该马上卖出。倘若此后盘口再度发出买入信号，我可以再度进场。如果盘口发出做空信号，那么我可以进场做空。

随着经验的累积和市场的演化，我肯定会修正一些自己的观点和策略，这些都是进步之源。无论怎么修正和完善，我都坚持认为良好的盘口解读能够帮助交易者研判趋势，同时提供进场和离场的恰当时机。

及时离场非常重要，准确地解读盘口可以帮助你做到这一点。虽然及时离场有时会让你错过活跃股的部分波动，但是却能够带来稳健的利润增长。**在日内交易中，及时离场比坐等利润增长更能带来成功。**

在盈利后主动离场远比被动离场对交易者的心态更加有利，前者的心态和思维更加有利于交易。

我们可以通过一个简单的模型来理解行情的展开与结束，这对于把握离场时机很有帮助。一波行情从萌芽到完结可以用一个三角形来表示，起于一点，结束于一宽大的一端。图 12-1 展示了上涨行情，图 12-2 展示了下跌行情。两幅图展示了一波行情中，成交量和活跃度的变化。

地量见地价，天量见天价，这是一个经验，但不是规律。

图 12-1　上涨行情的演变模型

图 12-2　下跌行情的演变模型

较大的趋势性行情也可以通过这个模型来理解，例如，**联合太平洋铁路的股价在上涨的最后阶段出现了巨量成交，标志着 1909 年 8 月牛市繁荣的顶部。**

解盘交易者完成一笔做多交易之后，接下来的股市回调中盘口会指明接下来的交易标的。领涨股发动大行情之前会有两到三波的震荡，变盘点在这些震荡结束的时候出现，有经验的解盘交易者通过观察和研究可以确定这个点位。

讲了这么多，提醒大家一句：如果你是一个专门将理论用于实践的人，那么就应该对最终的结果负起责任，因为结果最终取决于你。每个解盘交易的实践者都应该逐渐形成自己的策略和方法，你可以从我这里提取经验，也应该从其他人那里获得知识。市场和个体差异意味着没有普遍实用的交易策略。甲之蜜糖，乙之砒霜，因人而异也。

更为重要的是，理论要通过实践去检验和完善。纸上得来终觉浅，绝知此事要躬行。**如果仅仅关注题材的变化，而不关注盘面的动向，那是不可能把握住市场机会的。**

或许，有读者想要让我推荐一些参考书作为补充。我的建议：凡是有关证券交易的书籍都可以翻阅一下，如果能够

如果能够将题材、大盘、业绩、筹码、席位和盘口，以及点位结合起来分析，那么你的短线投机将无往不利。题材重在观察其性质，是一次性利多，还是持续利多？是最后一次利空，还是持续利空？大盘则需要从流动性和经济周期，以及金融政策和国家战略的角度去思考。筹码、席位和盘口属于比较细微和经验化的东西，丰厚的案例有助于掌握其精髓。至于点位，可以求助于斐波那契和价量的综合研判。

得到一点新启发，那就值得此番付出了。

追逐金钱与财富的人挤满了华尔街，不过绝大多数人却缺乏真知灼见。他们对于符合实际的建议充耳不闻，遑论进一步研究和实践。**如果方向错了，那么再长时间的努力也无济于事。**许多人喜欢掌握一招半式的绝招就能纵横股市，比如他们将盘口解读简化为观察成交量的多少。还有不少人将观察图表和技术指标当成解读盘口，这也是胡扯。

盘口解读的目的是厘清资金特别是主力资金的动向，由此判断价格波动的短期倾向。有些人认为盘口解读无非就是看报价更高还是更低而已，然后据此下单。这种观点完全误导了盘口解读的主旨。

如果这些人愿意把此前浪费掉的五六个小时投入到真正的盘口解读工作中，坚持一年必然得到满意的结果。这些人事实上一直处在亏损的境地，找不到解脱的办法。

我坚定地认为拙著是第一本盘口解读方面的实用指南。本书提出的许多见解早在多年前就激发了不少有辨别能力的人士投入到科学投机的行列中。我希望本书能够一直为解盘交易者提供灵感。

本书出版以后，我收到了许多读者来信，其中一部分来自偏远地区。不少读者此前以大波段交易为主，现在都希望能够在日内交易中一展身手。

我想说的是，如果你能够扎实地学习盘口解读的相关知识，那么肯定能够在日内交易中大获成功。而且，**股市投机的功夫不仅仅在股市之中。**

一位梦想跻身于歌坛的年轻人最近拜访了一位著名歌手，后者对他说："一个著名的歌手必然要有独特的个性，而这一点需要在音乐之外下功夫。"

另外，仅是积累起大量的理论知识还不够，必须深入地去揣摩和消化。你仅仅靠着本书的几条规则也能有一些交易盈利，但是真正持续的成功却肯定不能建立在此基础之上。**你需要多问为什么，搞清楚哪怕一个简单的理念或者策略的**

> 如何通过成交明细、挂单、席位、筹码分布和板块资金流向来洞察主力的行为和意图，这是一门需要花费大量精力才能精通的技术。本书侧重于介绍一些理念和基本原理，属于盘口解读的入门读物。

> 为什么解读盘口对日内交易或者说短线交易非常重要？

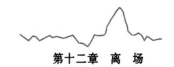

一个细节。只有这样下苦功夫，才能最终将理论和知识，化作自己的功力。

股票交易这个行当存在无数的机会，前提是你能胜任这项工作，那么股市就真的成了你的财富源泉。

对于解盘交易者而言，要想真正读懂盘口必须全面考虑一切因素。**盘中任何玩家的行动都会体现在盘口中，盘口中的任何动作都对价格产生了影响。**

盘口是变化无穷的，我从未见过完全一样的盘口，因此你不可能给出一套机械的盘口解读策略来应对绝大多数变化。相对盘口而言，日线等价格走势图似乎更加直观易懂，但在解盘交易中它们只能作为辅助。盘口变化无穷，可以研究的主题太多，以至于好学之人会在研习的过程中越来越痴迷其中。

解盘交易的初学者在掌握入门知识之后，应该力求最终理解我提出的原则和建议。**温故而知新，重复能够加速能力的养成。**在这个过程中，要多在盘口上练习和揣摩。我们通常认为自己已经掌握了，其实与理想还存在相当大的距离。心存谦虚，努力前行，才是解盘交易学习者的正途。此前我学习其他领域的东西时，有位老师要求在自认为已经掌握的情况下再重复三四遍，这样才算真的掌握了。

解盘交易的成功需要积累足够的经验，如果让一个毫不了解股市的人进入股市，那么奢求其马上开始盈利是不现实的。对于一个新手而言，报价中的字母缩写和数字都是全然陌生的，怎么谈得上进一步的解读呢？

大众都将股票交易看得十分简单，似乎只要有足够的资金成为证交所的会员，就能马上开始挣得大把的利润。其实，场内交易何尝不是一种能力，因此也需要足够的练习才能获得。另外，场内交易者需要精力充沛，能够承受场内交易的巨大压力，这些没有数月到数年是无法做到的。

许多人来信要求介绍一位提供盘口解读课程的老师。说实话，这样的人极其少。因为能够正确解读盘口的人通常没

行为是无穷的，重要的是通过行为洞察人，一旦搞明白了人，你也就能够大概预测出他在具体环境中的反应了。

复盘和打谱是学习解读盘口的高效率方式。

有意愿来广招门徒，因为他们从盘口解读中挣到的利润远远超过所收的学费。

能够正确解读盘口的人群包括主力的操盘手、场内交易者和一些场外的职业交易者。他们习惯于在办公室或者交易场内认真地观察盘口和报价，他们的平均交易规模都在 5000 股以上，是整个市场成交量的重要构成部分。他们的解盘技巧带来了持续的丰厚利润。

有些不那么专业的解盘交易者宣称依靠"盘感"的指导进行交易，其实他们缺乏可靠而明确的规则与策略，不过他们中的一些人确实在赚钱，这就是解盘所具有的艺术性。虽然这类成功的人数很少，但是毕竟也可以作为鼓励尝试的榜样。

盘口解读的新手需要克服的最大困难就是恐惧。许多人或许向往盘口解决读能够带来的丰厚利润，但是一旦考虑拿钱投入市场时，部分人就望而却步了。即便一些人勇敢地步入了这个市场，他们也会因为持续的亏损而退缩，而这正是需要下功夫的学习阶段，最终他们放弃了。

这些人并不缺乏才智，他们缺乏的是一些品质。因此，除了解读盘口的技巧之外，还需要培养一些特定的品质。解盘交易者必须培养出抗挫折的能力，培养出迎难而上的勇气，学会管理各种负面情绪，如恐惧、贪婪和焦虑等。

研习解盘交易策略，是一项艰苦的工作。正因为其艰苦卓绝，才使得掌握此项技能的人能够获得超乎寻常的利润。盘口解读是难事，但功夫不负有心人，我反复强调这个观点。

解盘交易策略在两个交易日的运用

心理停损可以隐藏自己的"底牌"。

——魏强斌

　　下面是我按照自己的解盘交易策略进行的为期两个交易日的操作记录。全部操作都是按照本书推荐的方法展开的，一方面是为了解盘交易的可行性，另一方面是为了鼓励大家勇于实践。

　　该股在两个交易日中维持宽幅震荡走势，在166.75~170.375美元之间波动，期间提供了许多交易机会。两个交易日，我一共进行了15笔交易，不考虑佣金和成本的前提下，其中13次交易盈利，另外有一次亏损和一次盈亏平衡。15笔盈利交易中，6笔是多头，9笔是空头（见表13-1）。

表13-1　交易绩效

序号	交易规模（百股）	交易标的	持仓方向	买入价	卖出价	亏损幅度（美元）	盈利幅度（美元）
1	2		多	167.5	168.25		0.75
2	2		空	167.25	168.375		1.125
3	2		多	167.25	168.75		1.5
4	2		空	169.625	169.75		0.125
5	2	雷丁铁路	空	169	169.5		0.5
6	2		空	169.125	170		0.875
7	1		空	169.625	170		0.375
8	2		空	168.125	169.875		1.75
9	2		多	168	168		0

续表

序号	交易规模（百股）	交易标的	持仓方向	买入价	卖出价	亏损幅度（美元）	盈利幅度（美元）
10	2	雷丁铁路	多	168.25	168.75		0.5
11	1		空	168	168.25		1.25
12	1		空	168.125	169.25		1.125
13	2		多	168.125	168.5		0.375
14	2		多	168.25	169		0.75
15	2		空	169.25	168.375	0.875	
	27						
盈利幅度累计							11
亏损幅度累计						0.875	
佣金						3.375	
税费						0.25	
亏损和成本总计						4.5	
利润幅度							6.5

我进行的所有交易都设定了幅度较小的止损，有几次市价都距离止损单很近：–0.125美元或者0.25美元的距离。

不过，我只是设定了心理止损，并未在进场的同时就进场委托停损。为什么我要这样做呢？因为交投活跃，当市价触及止损点后立即委托也来得及。

被场内交易者故意触发止损单的现象在许多金融市场非常普遍。心理止损可以隐藏自己的"底牌"。

中长线交易的原则

行情的规模越大，则需要的酝酿时间越长。横盘震荡的时间越长，则行情的幅度和持续时间越长。

——R. D. 威科夫

趁着本书首版售罄之际，我准备对其进行一些修订和增补，作为第二版的新增章节。在这个过程中，有必要结合1916年的股市情况对本书的原则进行检验和重新阐述。

我发现本书首版提出的原则并无太大的必要去修订。虽然欧洲战争爆发对股市有许多影响，但只不过是极端情况而已，顶多扩大了波动幅度，造就了新的领涨板块而已。首版中提出并且阐释的方法与策略仍旧具有广泛的适用性，特别是可以基于它们**观察到市场重要转折点的筹码集中大交换行为**。

基于解读盘口的基本原则和方法，我成功地预判到出一些重大行情。这充分证明了盘口解读方法可以帮助交易者顺应市场，因为它更加灵活，在预判市场方面具有弹性。

资深的盘口解读者能够看出大行情展开前的临界点。同时，他们也能较为准确地预判出日内的一些小幅波动，所谓的信号都来自盘口解读。

你可以根据价格走势来预判未来的波动。无论是半个小时之内的波动，还是接下来两三周的走势，盘口都能提供一定的参考。无论是短期之内的变盘点，还是中长期的变盘点，

趋势交易者是否需要解读盘口的技能呢？

经由综合考量价格波动、成交量和关键点位等因素都能很好地确认它们。市场是全息的，局部与整体有相互映射关系，我们可以从一些关键的局部信息推断出市场整体的趋势，也可以从整体推断出具体的发展。

股价的波动涉及多空力量在当前点位的此消彼长。同时，股价波动还具有周期性和阶段性，每一次行情的启动、展开和结束都有对应的特征。**行情的规模越大，则需要的酝酿时间越长。横盘震荡的时间越长，则行情的幅度和持续时间越长。**

大行情的蓄势阶段通常会持续数月。在蓄势阶段之前股价曾经经历过大跌，主力会在大跌尾声阶段开始吸纳筹码。吸纳筹码的时候，主力还可能故意打压股价。

主力与普通小投机者的主要区别在于预判趋势和解读盘口能力上的巨大差别。优秀的主力能够提前半年到一年预判大盘和大势，以及目标个股的趋势，同时他们善于通过盘口洞察大众的情绪和资金的动向。**通过研究蓄势阶段和变盘点，主力能够推断出下一波大行情的方向和大致幅度。因此，研究和确定变盘点是解盘交易者最重要的工作之一。**小投机者应该向主力学习买卖之道，能够解读盘口和分析市况，才能预判市场。

培养预判能力意味着需要深入研究市况。在纽约的金融论坛上，我展示了**从盘口解读各种市场驱动因素**的方法，以及如何预判行情走势。我鼓励听众们系统掌握各种驱动因素，如农作物、货币、政治和公司业绩等。不过，**所有这些驱动因素都应该与盘面的指引结合起来理解**，研判市场行为的解盘交易者具有某种优势。因此，无论如何强调解盘的重要价值都不为过。

为什么盘口语言比驱动因素还要重要呢？因为主力在股市的动向比各种基本面因素都还要重要。过去的数年当中，我根据本书提炼的原理成功地预判出大多数5~20美元幅度的行情，战绩卓著。因此，我有资格建议大家认真研习解盘这门艺术。如果你想要投身于股票投机事业，那么解盘交易法能够很好地满足你的需要。

驱动分析与行为分析结合起来运用。

没有大资金参与的题材，是没有投机价值的题材。通过盘面来筛选题材。记住，驱动行情的不是事件，而是资金，事件是一个可以为资金借力的条件而已。

附录一

可证伪的假定才是科学的交易决策：
当被证伪时，坦然接受

索罗斯不是技术交易者，但是却仍旧属于"准短线交易"的阵列，他对于外汇交易的最大贡献在于其将可证伪性引入到交易实践中，虽然他从来没有提到过技术交易者如何运用可证伪性。但是，伟大的技术交易者，如理查德·丹尼斯和杰西·利弗摩尔都以止损设置来实现了技术交易的可证伪性。可以证伪的交易决策才是科学的交易决策，也是交易者提高自己的准绳。

下面我们先从索罗斯与可证伪性谈起，因为对本书读者而言，可证伪性仍旧是一个十分生疏的概念，也就是**交易的可证伪性是大众的盲点，也就是成功交易者的焦点**。狭义的可证伪性（Flasifiability）是指从一个理论推导出来的结论（解释、预见）在逻辑上或原则上有可能与一个或一组观察陈述发生冲突或抵触。所有科学命题都要有可证伪性，不可能为伪的理论不能成为科学理论。这里举两个例子：

◆ **论断 1**　任何无理数必然存在连续 100 个 1。这个论断就是一个不具备可证伪性的论断，你只能证实他而不能推翻他。以圆周率来说，人类目前好像已经把圆周率算到了小数点后面 10 亿位了。即使仍然没有发现存在连续 100 个 1，也不能证明论断 1 是错误的。

◆ **论断 2**　任何无理数必然不存在连续 100 个 1。这个论断就是一个具备可证伪性的论断，只要你发现任何一个无理数里包含连续 100 个 1，论断 2 即被证伪。

可证伪性是科学和非科学的重要差别，任何科学的论断必然包含可证伪性，不能证伪的那是非科学的论断。

索罗斯在任何交易决策之前，总是假定自己存在错误，然后看能不能找到证据，如果找不到确实合理的证据，他就会放手一搏。索罗斯预先假定自己存在错误的做法

与卡尔·波普的哲学有密切关系。

波普的一生是一个化绚烂于平淡的故事，他是索罗斯在伦敦经济学院的老师。索罗斯对金融市场的认识充满了波普哲学的影子。波普从研究科学方法论出发，提出了科学真理的可证伪性。然后，将科学方法论应用到社会、历史、政治哲学中。

他认为，**科学的标准不是可证实性，而是可证伪性**，反对归纳，强调真理的相对性。人类的认知活动具有不完备性，人只能在一个不断批判的过程中接近真理，在这个过程中一切判断都是暂时有效，并且都将是被证伪的对象。索罗斯在日常的投资工作中遵循"假设—求证"的工作方式。他说："我从假设入手，对于日后可能发生的事。首先建立一套构想，再一一从现实中求证，以建立一套用以衡量这些假说的准则。"这正是波普提倡的科学的方法论。

在技术交易中，一个科学的交易决策必须具有可证伪性，也就是说给定该交易决策错误的条件，这就是"止损点"。所以，一个科学的交易决策必然具有可证伪性，也就是说交易决策的可证伪性等于交易有具体的止损点。没有止损的交易决策不能被证伪，也就是说不能证明为错误，这样的交易决策自然也不是科学的，因此也无法做出有效的评价和改进。请看附图 1-1，这是美元兑日元 1 小时走势图，当行情发展到圆圈标注处的时候，交易者面临决策情景，新手此时一般会为可能展开的交易进行分析，他们分析的焦点集中于"接下来市场是涨还是跌？"

新手对市场接下来的涨跌有判断之后（其实，"接下来"是多久，这些交易者自己通常也没有概念，他们经常将多个时间框架混乱地掺杂在一起得出一些缺乏逻辑层次的判断），他们就会急不可耐地进场进行操作，这时候他们往往抱着"最好的预期"，他们不会为自己的判断设定可验证的条件，**这样他们对市场的判断就变成了不可证伪的。**

不为自己的交易设定止损点，就无法对自己当初的判断

绝大多数交易者在基本分析的时候没有注重结论的可证伪性，在仓位管理上没有落实这种可证伪性。宏观分析师高善文先生的逻辑分析非常注重"可证伪性"，这也是他判断能力出众的一个重要因素。

每次分析和交易都要思考你的对手盘是怎么想的：你看多的时候，别人为什么看空；你看空的时候，别人为什么看多。相比较而言，是你的逻辑有问题，还是对方的逻辑有问题。

做出及时的定性。**交易的科学性不在于可以证明是正确的，而在于可以证明是错误的，这就是交易的可证伪性**，新手往往将焦点聚焦于交易的可证明为正确的一面，而忽视了交易的可证明为错误的一面。

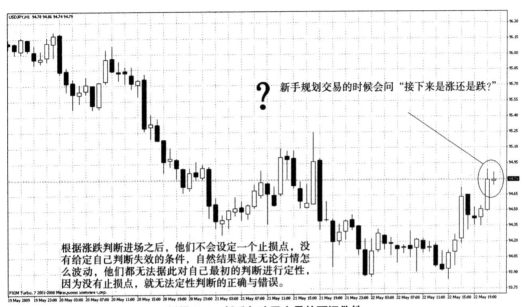

附图 1-1　新手忽略了交易的可证伪性

我们之所以要注重交易的可证伪性，最为重要的原因是人的认知能力是有限的。既然认知能力是有限，当然认知的结论也存在局限性。为了避免这种局限性带来灾难性的后果，交易者就必须认识到这种局限性，这就是坚持交易可证伪性的原因。

索罗斯从卡尔·波普和哈耶克那里学习到了"局限性"的意义，面对人类普遍具有的认知局限性和能力局限性，索罗斯采用了积极的应对方法，而不是消极逃避——拒绝承认自己的局限性或者是避免任何金融交易。

索罗斯认为既然我们承认了自我认知能力的缺陷，那么接下来如何处理这一问题就是需要考虑的问题了。止损认错是索罗斯倡导的积极应对办法。那么什么是止损认错呢？为什么说止损认错既是一门科学，又是一门艺术呢？

止损就是"结束错误的交易带来的亏损继续扩大态势"。这句中最为关键的修饰语有两处，第一处是"错误的"，第二处是"继续扩大"。**所谓"错误的"交易是指当初交易的前提假设已经被否决了，继续持有该交易头寸的理由已经不存在了。**

前提假设分为两种类型：第一种类型是基本面型，第二种类型是技术面型。例如，一项做多英镑交易的基本面假设前提是英格兰银行将在明天继续升息，如果英格兰银

行没有在第二天加息，则做多英镑的基本面前提已经不存在了，那么就应该止损退出交易。

又如，我们假定英镑兑美元在 2.0000 以上将保持上升态势，所以我们做多，但是如果英镑兑美元跌破 2.0000 则我们持有多仓的理由就被否决了，也就说继续持有多头的技术面前提假设已经被否决了，应该立即退出交易。

我们已经搞清楚了"错误的"含义，接下来我们来谈谈"继续扩大"的含义。止损的目的是制止亏损继续扩大以防危及本金安全，进而削弱以后的交易能力。在什么情况下，损失会或者说容易出现继续扩大呢？具体而言，就是前提假设被否决的时候，也就说是基本面或者技术面因素反向突破临界点的时候。

上面讲了止损认错的含义，那么什么是止损的科学成分呢？止损的设置充满了科学的成分。通常而言，**止损的设置需要考虑到四个关键因素。**

第一个因素是技术上临界点，具体而言就是支撑阻力位置。当我们进行做多交易的时候，止损应该放在支撑位置的下方；当我们进行做空交易的时候，止损应该放置在阻力位置的上方。

为什么做多的时候止损应该放在支撑位置的止下方呢？这是因为支撑位置是一个临界点，当价格在支撑位置之上运动时，其继续向上运动的概率和幅度都会更大，而当价格跌破支撑位置时，则其反转向下运动的概率和幅度都会更大。

那么为什么做空的时候止损应该放在阻力位置之上呢？这同样是因为阻力位置是一个临界点，当价格在阻力位置之下运动时，则其继续下跌的概率和幅度都会更大，而当价格突破阻力位置时，则其反转向上运动的概率和幅度都会更大。当然，**基本面因素也有临界点**，也可以进行上述类比，但是理解起来比较困难，所以这里就不再深入下去。

第二个因素是过滤市场噪声，一般是通过布林带和 ATR（平均真实波幅）指标来过滤。设置止损的时候要避免被那些

支撑阻力位置为什么会有效？这个问题是真正的问题。

非真实的临界点突破所欺骗，布林带和 ATR 可以过滤大部分这样的市场噪声，或者说假突破。**通常而言**，止损应该设置在布林线的外轨之外，当进行做空交易时，止损放在布林线上轨之上，当进行做多交易时，止损放在布林线下轨之下。对于 ATR 的运用我们就不再介绍了，大家可参看相关书籍。

第三个因素是资金管理要求。具体而言有两种方法，第一种方法是固定每次动用的资金比率，比如不高于 8%；第二种是根据凯利公式 $K=[(1+W)R-1]/W$，其中 W 是胜率，R 是风险回报率，K 是承受风险的资金比率。我们推荐使用凯利公式作为资金管理的具体方法。

第四个因素是时间止损点。除了基本面和技术面的止损要求外，我们还应该对交易进行持仓时间上的限制，**如果在规定的时间内价格没有出现预期方向和幅度的运动则应该退出交易。**另外，我们也会对止损点进行回撤幅度角度的规定，一般要求止损幅度不超过前一波段回撤幅度的 50%。

当然，前三个因素是科学止损必需的基本的要素，第四个则是可选择的要素。

我们讲完了止损的科学要素，那么现在来讲止损的艺术成分。止损的艺术成分存在于其科学成分之中，我们现在就分别述及。索罗斯也承认即使所谓的科学也正是因为其具有某种局限才能被当作科学，上述四条止损设置的科学原则本身也有局限性，那就是它们存在一些不确定的因素，而人性可能因为这些不确定部分而犯下主观性过强的错误。

第一，我们来看看阻力位置和支撑位置的寻找。阻力位置和支撑位置可能是前期价格的高点和低点，也可能是前期成交密集区，当然还可能是黄金分割率位置、黄金延伸率位置等。这么多潜在的阻力位置和支撑位置需要我们加以确认，这其中难免夹杂不少主观性的成分。所以，虽然我们说做多的时候止损放置在支撑位置之下，做空的时候止损放置在阻力位置之上，但是支撑位置和阻力位置的确认却存在极大的主观性。**要提高我们准确研读支撑阻力位置的能力需要借助**

市场参与者对于某些位置的认定和预期最终决定了支撑阻力位。技术分析的广泛传播使得支撑阻力位的认定存在大致相同的一套标准。支撑阻力位会引发或多或少的抵抗，至于能不能最终有效则往往取决于驱动面的因素。支撑阻力位置很多，最终是否有效取决于资金面和驱动面，特别是驱动面。

于长年累月的实践，而这无疑是止损设置具有艺术性的一面。

第二，我们来看看布林带的运用。通常而言，布林带可以将市场的噪声运动筛选出来，但是很多时候一些噪声运动仍旧突破布林带，也就说布林带对假信号的过滤也存在局限。**要弥补这一不足之处就需要结合 K 线进行，而这就是涉及止损的艺术，而不是科学。**

第三，在我们运用凯利公式 $K=[(1+W)R-1]/W$ 进行资金管理的时候，我们需要输入两个变量值，一个是胜率 W 的值，另一个是风险报酬率 R 的值。胜率 W 的值可以根据历史数据得出，但是这并不表明当下和未来的交易具有同样的胜率，因为市场结构在不断变化，而这会影响到历史数据的有效性，对于风险回报率而言也存在同样的问题。

索罗斯将价值投资以短线投机的形式展示给了世人，这使得很多人错误地认为索罗斯是一个非价值投资者，其实这是一个非常错误的认识。

凯利公式运用的集大成者索普与青年巴菲特有过一次桥牌对局，索普认为巴菲特是这个世界上少数几个能够在金融市场上熟练运用凯利公式的投资者。那么，索罗斯与之又有什么关系呢？

无论是巴菲特这样的长期投资者，还是索罗斯这样的短期投资者，在运用凯利公式上都是一流的高手。索罗斯认为任何一次投资下注都涉及取胜概率和风险回报率两个方面，如果忽视其中的一个因素，连续几次交易之后必然犯下不可挽回的错误。

只有趋近于凯利公式的资金管理策略才能保证金融交易者在市场中站稳脚跟，长期生存。可以这样说：**凯利公式首先是一个生存法则，其次才是一个盈利法则，**当然生存和盈利在金融市场中是两位一体的。**当你重视生存时，利润自然来到你的身边，但是当你只追求利润时，则死亡已经离你不远了。**

索罗斯相当重视报酬率问题，他之所以选择在临界点正是因为这个原因。报酬率是风险和报酬的比率，也就是说以多大的风险去追求多大的潜在利润。在临界处，市场继续向前运动的幅度很小，但是回归运动的幅度很大，所以在临界点反向操作的风险较小，但是潜在利润却很大。例如，市场先前向上运动，数据和推理都显示市场目前位于临界点附近，此时我们入场做空，理由是市场继续上行的空间很小，但是下跌的空间却很大，做空的止损可以放置很小，但是做空的盈利目标却较大，这样就得到了一个理想的风险报酬率。

在凯利公式中，风险报酬率还不是唯一的资金分配决定要素，胜率也很重要，索罗斯在临界点交易的另外一个原因是可以因此获得一个较高的胜率。比如市场先前的走势向下，现在位于临界点处，继续向下的概率小于反转向上的概率，因此做多的胜率高于做空的胜率。

通过临界点，索罗斯可以获得较高的报酬率和胜率，这样就可以动用较大份额的资金介入到一项交易中。但是更多的交易者却在趋势继续向上的时候做空，在趋势继续向下的时候做多，或者是在临界点处跟随先前的趋势做交易，这样的交易只能带来较低的胜率和报酬率，但是这些交易者却没有相应地降低动用资金份额，其最终结果当然是很快就在市场中破产了。

索罗斯很早就认识到动用资金份额应该随着当下交易的胜率和报酬率而相应变化，只有在胜率高和报酬率高的时候动用更多资金，在胜率低和报酬率低的时候动用更少资金才能够在市场中长期生存下来，利润自然也就随之而来了。但是，一般的投资者基本上没有听说过凯利公式，当然也没有几个人能够直觉地遵从凯利公式的引导。

财富的产生来自于确保本金，只有确保了本金才能带来增值。可以说巴菲特将复利原理的运用达到了顶峰，而索罗斯则是运用凯利公式的集大成者，因为他在较短期交易中充分地考虑了胜率和报酬率在资金分配中的决定性作用。

基本的财富公式有两个，一个是复利公式，另一个是凯利公式。凯利公式保证一个较高资金增长率的获得，而复利公式保证了长久下来财富能够得到指数式的增长。

生存是第一要务，复利公式中有一个本金项，有一个复利项，有一个交易年数，或者说交易次数项。只有遵循凯利公式的资金分配原则，才能保证本金，才能真正实现本金项的指数式增长。

只有遵循了凯利公式的资金分配原则，才能保证一个较高的复利水平，从而保证一个出色的终值。只有遵循了凯利公式的资金分配原则，才能把握更多的高效能交易机会，从而得到一个较大的交易次数，产生更大的指数式增长。

对于复利原理，交易者只能被动地接受，它告诉我们了

盲点即利润，这个盲利公式也不要忘记了。

139

一个客观的规律和事实，一个实证的真相。而凯利公式则教导交易者要主动地处理交易仓位，通过明晰胜率和报酬率的影响来决定具体的仓位，主动控制自己的交易成败。复利原理是中性的，它可以让资本逐渐消失，也可以让资本不断增加。而凯利公式则是非中性的，它告诉交易者如何更久、更好地在市场中生存。

索罗斯非常伟大，因为他明白凯利公式带来的积极意义，所以他总是在计算了胜率和报酬率后积极主动地管理自己的交易，在自然法度之内处理交易仓位。但是，又有几人知道积极管理仓位的重要性？他们都沉迷于判断行情的各类技巧，对于资金管理策略从不过问，最多关心下止损问题。

索罗斯不止一次地向自己的助手强调了概率的意义，他认为市场的运动并不在乎交易者的想法和利益，而交易者也无法确知市场下一刻的运动方向和幅度，以及持续时间等。正是因为索罗斯对于交易的不确定性有充分的认识，才使得他坚持以概率的思维和原则来把握交易，而凯利公式正是一个非常好的概率管理工具。

复利公式强调"与时间为友"，而凯利公式则强调"与概率为友"。一般的投资方法和投机方法都会随着时间而露出丑陋的面目，但是高效的时间方法却可以借助市场而日益发达。

时间是宇宙优胜劣汰法则得以贯彻的保证，而复利公式则是进化论的一种体现。对于坏的交易方法而言，时间是最大的敌人，因为侥幸的成功将很快让位于不可挽回的失败；而对于好的交易方法而言，时间是最好的朋友，因为偶然的失败将很快让位于持续的成功。坏的交易方法总是将交易建立在确定性上，因此它忽略了失败的可能性，进而忽略了止损的必要性，结果可想而知；而好的交易方法则知道"谋事在人，成事在天"的道理，所以会积极应对糟糕的情况出现。

索罗斯认为一个好的交易方法必然具有两个特征，那就是：第一，这个方法一定是"与时间为友"的；第二，这个方法一定是"与概率为友"的。索罗斯建议那些想要从事金

凯利公式其实是让我们从决定期望值的几个因素去综合思考仓位。这是一种思路，大家也并非一定要死板地按照这一公式去计算仓位。

140

融交易者的年轻人们好好想想"与时间和概率为友"的问题，如果找不到符合这一要求的交易方法，那么就永远不要参与到交易中去。很多人在没有亲自确认某一方法能够持续获利之前就匆忙入市交易，交易中屡屡犯下违背"与时间和概率为友"的错误，很快就被市场淘汰了。

要想在市场中生存，就必须长期做正确的事情。**要做正确的事情，就要以凯利公式为准绳**（止损是凯利公式推导的一个必然结论）；而之所以要长期做正确的事情则是因为复利公式的缘故。

从上述这些止损的艺术成分，我们就可以得出一个非常关键的结论：止损是任何交易都不可或缺的一个组成部分，但是关于如何设置止损却是一个同时包含科学成分和艺术成分的问题。

设置止损的科学一面在于通过支撑阻力线筛选出高概率和高回报率的交易机会，同时通过布林线过滤绝大部分虚假的交易信号，然后利用凯利公式决定介入交易的资金比率。而设置止损的艺术一面在于如何确认支撑阻力线，如何进一步过滤到布林线发出的假信号，以及如何准确地估计风险报酬率和胜率。

设置止损是索罗斯交易哲学的最直接体现，其中的科学成分可以很快从书面上加以掌握，但是对于其中的艺术成分，则是必须经过大量和长期的实践才能领悟的。关于止损设定的四个要点，我们在附表 1–1 中做了归纳，大家在总结出自己的止损设定标准之前，一定要牢记这四个要点，并且坚持实践足够长的时间。

附表 1–1　单笔交易可证伪性——设定止损点

止损点设定的四个要点	
第一个要点	关键水平外侧（做多止损放置在支撑线之下，做空止损放置在阻力线之上）
第二个要点	布林带异侧外（做多止损放置在布林带下轨之下，做空止损放置在布林带上轨之上）
第三个要点	符合资金管理比率要求（一般是 2%~8%）
第四个要点	给予市场一定的回旋空间（一般是允许行情回撤不超过前一波段的二分之一）

单笔交易的可证伪性主要是依靠具体的止损点设定来实现的，而所谓的"止盈点"则更多地意味着"交易者的可证真性"，止盈点对于科学的交易而言并不是必要成分，在后面我们也会提到"后位出场的必要性"和"前位出场的非必要性"，而止损点就属于后位出场，而止盈点则属于前位出场！出场和进场都涉及仓位管理，而仓位管理整个交易中少数符合自然数理的环节，也是交易者能够获得足够程度确定性的环节！

抽象的止损设定要求可能让不少读者对于本课的内容感到枯燥和生涩，下面我们

就结合一些具体的例子来介绍止损点设定的每个要求。一旦你掌握了止损点设定的四个标准，特别是前三个标准，你就能大大地提升自己交易的可证伪性，进而也就提升了交易的科学性，最终将长期提升交易的绩效！

止损点设定的第一个要点是止损点必须设定在关键水平的外侧，就做多交易而言，止损应该放置在支撑线之下。至于什么是支撑线（一般标注为 S)，如何确认潜在的支撑线，我们在本书中已经有较多的论述，在本书的最后两课还会有更加详细和深入的论述。请看附图 1-2，这是英镑兑美元的 5 分钟走势图。假定交易者在 A 点附近进场做多，则止损点应该放在就近且合适的支撑线下方。就本例而言，止损点可以放置在近期波段低点附近，如附图 1-2 所示。当然，单从止损设定的第一个要点出发，得到的是一个止损设定区域，这个区域位于支撑线之下。当行情走势触及这一区域的时候，交易已经被证明为错误的（交易判断的错误不能由最终的盈亏来认定）。

附图 1-2　止损点设定的第一个要点：做多止损放置在支撑线之下

做空交易设定的止损的第一个要求是止损必须设定在阻力线之上，无论你是见位进场做空，还是破位进场做空，甚至是顶位进场做空，都应该遵守这一要求。请看附图 1-3，这是美元兑日元小时走势图，假定交易者在 A 点进场做空，最近的恰当阻力线是近期的波段高点。当交易者计划在 A 点进场做空的时候，就需要规划止损，而止损设定的第一个要求就是在阻力线之上。

附录一 可证伪的假定才是科学的交易决策：当被证伪时，坦然接受

附图 1-3 止损点设定的第一个要点：做空止损放置在阻力线之上

阻力线给予做空交易者一个防守位置，并且利用阻力线构筑了一个恰当的风险报酬率和胜算率，而且阻力线实际上标注了可能的进场做空区域。对于交易者而言，"位"是技术分析中最为关键的一个要素，是"势、位、态"三要素中能够为交易者把握，同时有很高交易价值；相对而言，"势"要素具有很高交易价值，但是却很难为交易者所把握；"态"要素能够为交易者把握，但是交易价值相对较低，请看附表 1-2。巴菲特当年也受益于所谓的"重要性和确定性"分析矩阵，得出了所谓的"能力范围原则"，巴菲特注重把握那些"同时具有较高重要性和确定性的因素"。在行为分析的三要素中，"位"因素就是"同时具有较高重要性和确定性的因素"，所以需要我们的重要把握，当然这并不是说忽略掉"势"和"位"要素。

阻力线属于表象，实质是背后的格局，而格局取决于驱动面。

附表 1-2 "势、位、态"三要素的重要性和确定性分析

	势	位	态
重要性	较高	较高	较低
确定性	较低	较高	较高

关键水平提供了"位"，这是仓位管理的基础。而仓位管理是整个交易的核心和基础，因为这是人类利用数理原理打败市场的手段。除了关键水平这个止损设定的必要条件之外，还需要注意一个问题，这就是市场的随机性。任何趋势方向上的走势都是反复的，没有估计到的反趋势波动被称为"市场噪声"。

当交易者确定了持仓方向之后，遇到的最大困难就是如何"过滤市场噪音"。**持仓正确但是没有挣到钱最主要的原因是出场不当，而出场不当的一个重要原因是被市场噪声给震了出来。如何过滤市场噪声？这是绝大多数交易者应该去想，而没有花工夫去想具体的解决办法。**

我们给出的第二条止损点设定要求就是为了过滤市场噪声。在日内交易中，我们采取 13 期均线和 1.618 到 1 个标准差的构造的布林带，具体参数不是那么死板，你可以根据自己所交易的市场波动性进行设定，我们一般采用（13，1.618）、（13，1.382）和（13，1）三种参数模式。

下面举的例子中，我们都是采用（13，1.618）这组参数，要想设定这种参数必须采纳 bands 这个 MT4 指标方可，这个指标可以从 MT4 的自定义指标找到，填入参数后叠加到主图即可。做多交易中，止损点设置除了满足第一个要点之外还需要让止损点同时位于布林带下轨之下。请看附图 1-4，这是澳元兑美元 5 分钟走势图，该图叠加了参数为（13，0，1.618）的 bands 指标。假定交易者在 A 点附近进场做多，则进场时放置在初始止损点应该位于对应 A 点的布林带下轨之下区域，这个要点和第一个要点其实是规定了止损设定的最小值。

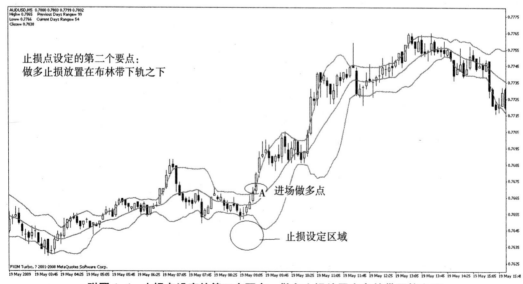

附图 1-4　止损点设定的第二个要点：做多止损放置在布林带下轨之下

做空交易则要求止损点放置在布林带上轨之上，请看附图 1-5。假定交易者在 A 点进场做空，那么止损点就应该设定在对应进场点的布林带上轨之上（如果上轨过远，你有两种选择：当上轨经常远离进场点，则需要修改布林带的标准差参数；当上轨偶尔远离进场点，则可能要求交易者放弃当下的交易）。

布林带衡量的是常态，常态就是基本面变化不大的情况下出现的市场状态。

附图 1-5　止损点设定的第二个要点：做空止损放置在布林带上轨之上

无论是关键水平还是布林带外轨在初始止损和跟进止损中都是要用到的基准，除了盈亏平衡点跟进止损之外，其他的空间止损技术都要用到关键水平和布林带外轨。

这里大家可以对止损的分类有一个利于操作上的认识：**止损分为初始止损、盈亏平衡点止损、跟进止损（又被称为追击止损或者是移动止损），在任何交易中此三类止损的采用顺序是先设定初始止损，当行情带来了等于初始风险幅度的浮动盈利后移动止损到盈亏平衡点，当行情继续发展则采用跟进止损。**

大家不要认为我们这里是在进行"死板的教科书式"的概念分解，这里提到的三种止损，其实就是三种后位出场策略，其顺序和策略对交易绩效的意义十分重大。这里补充一

点的是关天豪的"5分钟动量交易系统"就是高效利用三种止

损方式的典范，他先设定初始止损，然后根据行情的发展移动止损到盈亏平衡点，最后利用移动平均线进行跟进止损。

那么，如何将止损点设定的第三个条件确实地运用起来呢？第一，就前位出场而言，一旦确定了进场点和初始止损点（包括此后的跟进止损点），则风险报酬率就确定了，胜算率则可以根据自己既往的交易经验大致估算出（应该稍微保守地估计），这样凯利公式就可以利用起来了；第二，对于后位出场而言，则风险报酬率的估计存在难度，但是可以借用潜在的前位出场点来估计以后位出场为主的交易的潜在报酬，从而得到一个较为保守的风险报酬率；第三，对于同位出场而言，可以仿照后位出场的上述做法来计算风险报酬率。

对于特定的交易而言，一旦风险报酬率和胜率确定，则用于承担风险的资金比率也就确定了，这个过程不需要多么精确，真正要求较高的部分是风险报酬率的确定，这个比率通常是通过"后位出场点，进场点和前位出场点"三点来确定的，其中由后位出场点和进场点计算出潜在风险，由前位出场点和进场点计算出潜在报酬，潜在报酬除以潜在风险就得到了这个比率。

对于机械交易系统而言，则可以利用历史的每笔平均盈利除以每笔平均亏损得到这一比率，因此又被称为"盈亏比"。当你经由凯利公式估算出的承当风险资金比率无法满足止损设定的第一条和第二条要求时，则应该放弃交易。比如你经由凯利公式计算出应该动用5%的资金承担风险（作为止损额），但是你账户的5%只能够承担10点的亏损，则必然无法满足止损设定的第一条和第二条要求，则这笔交易就不能进行。

止损设定的第三条要求是从概率角度出发的一条相对不变交易规律（当然你可以对这条要求进行完善，但是总体而言，在交易要求中，估计只有这条配得上"硬科学"的称号）。虽然凯利公式是计算恰当仓量的好工具，但是我们在实际交易中更多的是根据经验法则，这个法则基本上也是符合凯利公式的，这就是承担风险的资金不能超过账户净值的8%，当然这是一个Martin所谓的"拇指法则"，你可以根据自己交易的需要缩小这一比率，至于放大这一比率则很容易滑向"赌徒的范畴"。

下面，我们来看一个简单的实例，请看附图1-6，这是美元兑澳元的5分钟走势图。假定交易者在0.7792进场做空，而恰当的停损点需要设定在关键水平之上，在本例中也就是要设定在0.7823这一水平之上，如果你把停损设定在0.7823之上的0.7892，而你此时的交易本金又是1000美元的迷你账户，则用于承担风险的资金就占到了本金的8%，也就超过了8%的要求，所以止损设定在0.7892并不符合止损设定的

第三条要求，如果要符合这条要求，则交易的止损幅度必须缩小，这就间接涉及改变风险报酬率。

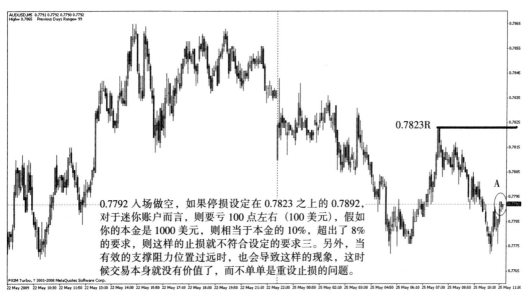

0.7792 入场做空，如果停损设定在 0.7823 之上的 0.7892，对于迷你账户而言，则要亏 100 点左右（100 美元），假如你的本金是 1000 美元，则相当于本金的 10%，超出了 8% 的要求，则这样的止损就不符合设定的要求三。另外，当有效的支撑阻力位置过远时，也会导致这样的现象，这时候交易本身就没有价值了，而不单单是重设止损的问题。

附图 1-6　止损点设定的第三个要点：符合资金管理比率要求

如果我们想要更好地管理自己的仓位，进而更好地完成交易，则最好还是利用凯利公式来操作，尽量提高盈亏比（等价于风险报酬率）和胜算率，然后以适当的仓位参与进来。一个比较好的方式，是先估计出较好的风险报酬率交易涉及的一般风险水平。这个风险水平等于多少具体点数，比如对于英镑日内交易，30 点的止损估计就是较好的风险报酬比率对应的风险水平。接下来你在实际分析中去寻找那些止损范围在这个点数之内，且具有较好风险报酬率水平的交易机会。所以固定点数与固定比率比较起来可能更适合外汇日内交易者，因为相对直观一些，而且也避免了与仓位管理的相互影响。

这个过程是这样的：第一步，确定合理风险报酬率下的恰当止损幅度，比如对于英镑日内交易而言，30 点或许是满足大约 1∶1 到 3∶1 的风险报酬率（报酬比上风险的值）的恰当止损幅度；第二步，寻找那些大致小于或者等于 30 点止损幅度的进场机会，具体而言就是进场点和初始止损点的距离在 30 点以内，而且估计利润应该超过 30 点，一般我们要求 2 倍以上；第三步，估计潜在的利润目标，估计保守的风险报酬率，根据经验计算胜算率（一般用 50%），代入凯利公式，算出合理的仓位。

这个过程大家应该可以掌握得较为清楚了，这里再强调一遍，这不是我们拿给读

者"研究"的知识，而是真实交易中涉及的经验和技能，我们的目的是"不但让你知道，还要让你做到！"

止损设定的第四点实际上用到了所谓的波浪理论的规则，这个规则从其他角度来解释也可以，也就是说**50%的回调线可以看成是市场力量的分水岭**，这个从东方的蜡烛线理论解释也好，从西方的波浪理论解释也好都可以说出不少道理来，但是我们这里不谈这些道理，大家自己去实践和琢磨才能真正理解这一工具。

通常我们不会容忍市场反过来走超过前一波段的50%，这一法则适用于一切止损，无论是初始止损，还是跟进止损。止损点设定要求的第三条和第四条实际规定了止损设定的最大值，而止损点设定要求的第一条和第二条实际规定了止损设定的最小值。止损点设定要求的四条就决定了你的"主观能动范围"，而第四条的妙用主要体现在陡直发展行情后的止损点确定上，这时候几乎找不到关键水平，而斐波那契点位在日内走势上显得过于密集，仅仅采用0.5这一最具效率的点位作为参照点也是有效之举。

我们来看第四条要求的具体例子，不通过具体例子，读者很可能不知道如何去具体运用这一要求。请看附图1-7，这

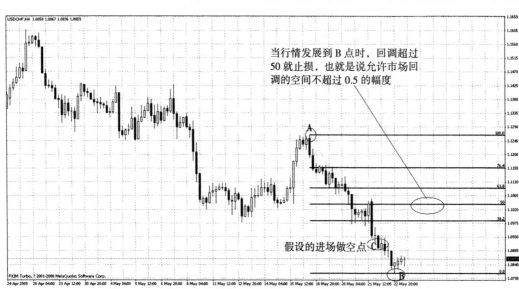

当行情发展到B点时，回调超过50就止损，也就是说允许市场回调的空间不超过0.5的幅度

假设的进场做空点C

附图1-7　止损点设定的第四个要点：给予市场一定的回旋空间

148

是美元兑瑞士克郎的 4 小时走势图，假如你在 C 点进场做空，则设定止损的时候一定要让止损点位于 AB 波段的 0.5 回撤点位之下。如果你将止损点设在 0.764 回撤点位附近，我们觉得就没什么意义了，因为这样大的回撤已经远远高于 0.5 回撤点位，这时候行情再反过来下跌的可能性不大了，毕竟 0.5 是多空力量的分水岭，你看这样去理解，在 0.5 以上的回撤幅度设置止损点理论上表明你的胜率降到 50% 以下了，除非风险报酬率足够好，否则这笔交易不如不做。

对于单笔交易而言，止损点是可证伪性的来源，对于交易策略而言，明确具体的操作条件则是可证伪性的来源。目前市面上绝大部分的证券和外汇交易书籍提供的策略是无法被证伪的，因为这些策略并没有具体的操作条件，或者说条件不够充分，这样的策略往往是以事后的少数例子来证明，缺乏概率上的支持，更没有给出该策略失效的具体表现。

无论最后的交易结果怎样，都无法证明该策略的无效性，这就是市面上绝大多数交易策略缺乏可证伪性，也即缺乏科学性的主要表现。请看附表 1-3，其实交易策略的可证伪性具体体现在提供了充分明确的进场条件和出场条件，现在不少股票类书籍提到的交易策略基本上不能算作策略，因为都缺乏充分的进场条件。它们往往提供了太多的研判工具和形态，而且往往涉及涨跌和跟踪，也就是说基本还停留在行情分析阶段，几乎不涉及进场点和出场点的问题。所以，这些理论都是好看但是不好用的，而且往往含混不清，让交易者无法验证，也就是不可证伪。你无法证明这些策略是无效或者低效的，但是你可以找到不少证明这个策略有效的案例，这就是这类策略长年不衰但是没有实效的根本原因。

附表 1-3 交易策略的可证伪性

交易策略的可证伪性	
进场条件充分	出场条件充分

很多时候，股票书籍，以及某些期货、外汇和黄金交易书籍的策略都不能保证提供进场和出场的充分条件，甚至根本**不讲进场，只是归纳一下形态和指标，这对于交易毫无用处！毫无用处！这些人肯定不做交易！这些人肯定不做交易！我们强调了两遍，希望你牢记，出场和进场才是交易，看涨看跌那是分析，分析得再好不落实到交易上也是白搭。**

交易必须可证伪，否则你怎么才知道自己错了，亏损并不能告诉你交易是错误的，盈利也不能告诉你交易是错误的，只有止损点被触及才能告诉你交易是错误的。记得

很多年前送给内训学员一副来自互联网的对联，横批"绝对止损"，上联"止损永远是对的，错了也对"，下联"死抗永远是错的，对了也错"，其实这里强调了交易可证伪性的重要性。**只有赋予交易可证伪性，才谈得上科学的仓位管理，才谈得上提高交易的绩效。**

如果你对此感到"毫无意义"，建议你做5个月以上的真实交易再来理解，句子背后的意义比表面的意义重要，**表面的意义是从文字来理解的，背后的意义是从经验来理解的。**交易的可证伪不仅来自于止损的设定，而且来自于合理的设定，所以"绝对止损"只是谈到的一半，这就是止损的必要性，另外一半就是我们本课重点着墨讲到的止损设定四个条件，也就是止损的合理性。

如何设定合理的止损，这是一个大众的盲点，不少反对止损的"高手"就是在吃尽了不合理止损的苦头之后开始"反攻倒算"，其实错不在止损，要怪就怪自己设定了不合理的止损，本课的价值更多在于告诉你如何合理化止损。

现在的"高手"很多，记得某位"高手"曾经写了一篇类似"道德经"的文章，大谈"止损的最高境界就是不设止损"，这种论点连基本的常识和前提都漏掉了，这就是"人类认知能力的局限性"，或者说"交易的本质是概率的"。好了，不多"闲扯"，下课我们重点来分享"一些不为主流交易界认可的观念和策略"，可以说是"离经叛道"的观点，相信不少读者会"大肆鞭挞"，其实，我们无所谓，读者自己看着办吧！

（本文摘编自《外汇短线交易的24堂精品课：面向高级交易者》）

止损本身的合理性在很大程度上并不完全取决于自己。驱动分析和心理分析的有效性往往会决定止损的整体合理水平。

股价走势的根本结构：N 字结构

热门技术很多，但是没有看见几种能够为炒家带来持续利益的技术，为什么会这样呢？最关键的原因可能在于热点效应，大众的追逐使得这些技术的效率降低，不过我们更倾向于认为：这些技术没有抓住股价走势的根本结构是导致它们无法带来持续盈利的根本原因。所谓的根本结构其实可以等价于**"最稳定和确定的结构"**。

股价的涨跌的具体情况不处于你能力范围之内，也就是你无法确定具体的情况，但是股价的根本结构可以帮助你在能力范围之内把握股价的短线走势，这就是在"不确定性的世界中寻找确定性的因素"。

股票走势与外汇走势存在差别，因为股票中的主力因素更为重要，如果你忽略掉了所谓的"主力"和大盘，则你就几乎不可能在个股短线买卖中立足。

为什么会这样呢？第一，股价的短线走势主要受到**大资金的主宰**，博弈参与者的行为因素有很大的影响，所以短线买卖中需要关注市场人气、资金流向、热点转换以及盘口买卖档、主动性买卖档、成交量变化，等等。而这些因素最终基本可以归结为主力的动作。第二，个股交易量远逊于外汇交易量，所以个股的走势更加容易受到人为因素的作用，而不是基本面因素的作用，主力行为对个股而言是最重要的行为因素。第三，A 股市场作为新兴市场，投机性高带来的高

技术指标的热点和股票板块题材的热点是两回事，不要混淆。

凡事不要走极端，N 字结构并非宇宙普遍真理，但却是概率很大。

外汇走势中技术分析的有效性要比个股的有效性更高，特别是一些比率指标。

席位是观察大资金动向的重要窗口，各种板块排行榜也是观察主力资金的必看信息来源。

波动性与其他新兴市场一样，主力是投机性的制造者，股市制度完善也不能消灭掉大资金对个股的强大作用。

主力的影响对个股走势而言应该是构成了最重要的因素，**其次才是大盘，主力的影响最终会导致股价出现最稳定的结构，这就是股价走势的根本结构**，主要主力存在这个结构就不会被打破，主力操纵，甚至股价本身必然要以这种形式展开才能导致股价以有利于主力和市场的形式运动。有利于主力和市场的运动必然导致绝大多数参与者亏损，这就是金融市场存在和主力获利的必然要求。

股价如何运动才能让绝大多数人亏损呢？主力如何操作股价才能让绝大多数人亏损呢？股价必须以曲折的方式前进才能让正确持仓的炒家过早兑现盈利，同时让错误持仓的炒家放大亏损。股价曲折前进方式体现在股价运动的根本结构上，也就是我们定义的 **N 字结构**，你可以用"吸筹—洗筹—拉升"来看待这一结构，也可以利用"推动—调整—推动"来解读，更可以从辩证法"肯定—否定—否定之否定"规则来理解它，如附图 2-1 所示。

> 龙头股独立于大盘，如果你操作的不是龙头股，如果其中缺乏游资主力，那么大盘是首先要考虑的。具体问题具体分析，不能一概而论。

> 兵者，诡道也，N 字就是"诡道"。

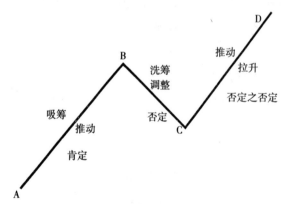

附图 2-1　上升趋势中的 N 字结构

股价的阶段性上涨一般会分为三个步骤，其中的第一个步骤是**一些交易者吸筹推动了股价上涨，进而确定了股价运动的趋势方向**；第二个步骤是通过调整让大部分先前进场正确的炒家卖出筹码，同时促使新买家在更高位置买入，这减

> 利用小富即安的群众心理，主力通过拉升让散户卖出来收集筹码，这一般称为拉高建仓。最常用的还是利用利空和下破让散户交出廉价筹码。

小了市场参与大众的获利程度，缩小了市场参与大众的获利范围。

市场通过步骤二吸筹，暂时否定了上涨作为趋势方向，这使得绝大部分炒家开始怀疑此前的判断，他们中的绝大多数会在此调整走势中过早结束多头仓位，主升浪展开的抛压大大减轻了。当真正的上升开始时，市场开始重新确认上涨的趋势，这时候多头持仓的阻力是最小的，因为主力和市场往往站在你这一边。

N 字结构在股票指数走势中往往会以更加标准的形式出现，比起某些个股上冲下洗的突兀走势，指数的走势中体现着更加容易辨认和操作的 N 字结构，如附图 2-2 所示。附图 2-2 是上证指数走势的一段，N 字结构贯穿了这段走势的始终，我们标示出了其中一个 N 字结构。股指从 A 点上涨到 B 点，然后出现了调整，调整的低点 C 点不低于 A 点，最好能够显著高于 A 点。

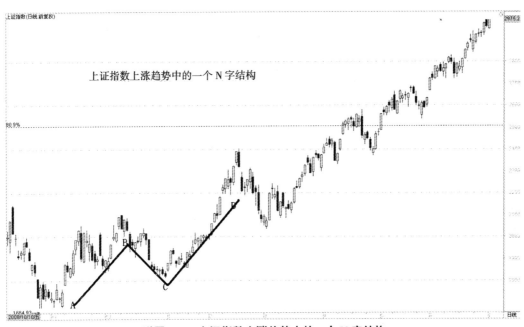

附图 2-2　上证指数上涨趋势中的一个 N 字结构

通常而言，BC 段回调了 AB 段的 0.382~0.618 幅度，大胆的交易者甚至可以在蜡烛线确认调整结束之后介入，这些方法在《高抛低吸——**股市四度斐波那契操作法**》中有详细的介绍，但是这样的激进操作最好等待一个第二个 N 字结构的调整部分完结时采用。BC 段调整完成后，股指突破 B 点，创出新高，这段标注了 CD 段。在艾略特波浪理论中 AB 段可以看成是浪一，BC 段可以看成是浪二，CD 段可以看成是浪三，也就是中国广大股民俗称的"主升浪"。

斐波那契点位与 K 线和成交量，以及震荡指标结合起来使用可以帮我们精确把握买卖点，然而选股还是要看题材，看热点，看主力，看 N 字结构。斐波那契点位提供了回调买入的机会，而 N 字结构提供了突破买入的机会，两者相得益彰。

大家有必要一定要去复盘一下几大主要股指的历史走势，看看顶部和底部附近出现 N 字结构的概率。

N 字结构是一个全息结构，在任何时间框架都能够看到这一结构，因此你也可以在恰当的层次上利用它展开仓位管理。

一旦股指在较低位置出现了第一个上涨 N 字结构，则接着展开一段牛市走势的可能性极大，股指中出现的上涨 N 字结构对于判市非常有效和可靠。我们来看两个例子，请看附图 2-3，这是上证指数 2005 年下半年到 2007 年年末牛市起始阶段的走势图，可以看到一个非常明显的上涨 N 字结构，这个 N 字结构的起点是 A 点，基本上是熊市最低点（与真正的最低点形成了 W 底部），形成一个 N 字结构之后，我们初步确认了上涨趋势的形成，于是开始逐步买入一些指数成分股。第二个例子则是上证指数 2009 年年初到 8 月牛市在初始阶段出现的 N 字上涨结构，请看附图 2-4。两个例子中的 N 字结构大小规模不同，但是这并不影响这一结构在研判和操作的有效性，你可以在操作较小**规模的上涨 N 字结构**，博取日内走势的价差，也可以操作较大规模的上涨 N 字，捕捉长达数月甚至数年的投机利润。

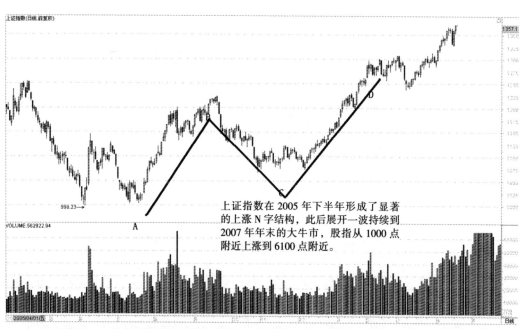

附图 2-3　上证指数 2005 年下半年到 2007 年年末牛市开始的征兆：上涨 N 字结构

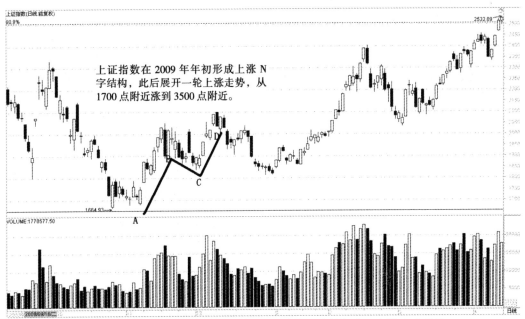

附图 2-4　上证指数 2009 年年初到 8 月牛市开始的征兆：上涨 N 字结构

　　上涨的股指 N 字结构可以帮助我们更早、**更准确地把握牛市上涨的开端**，与此同时下跌的股指 N 字结构则可以帮助我们**更早、更准确地把握熊市下跌的开端**（附图 2-5），当然有时候我们会用到比较特殊的 N 字结构，这就是双底和双顶。

　　上证指数、中小板指数、创业板指数，现在这几大股指其实相当于风格指数。风格转换与否要比较它们才能得出结论。

附图 2-5　创业板指数的 N 字顶部和 N 字底部

龙头股经常在 N 字突破之后直线拉升，但是把握 N 字结构只是把握龙头股的必要条件，你必须得关注、得熟练，但是仅此还不够，你还得关注题材，分析主力。

个股走势中的 N 字结构的特殊性很强，有时候也不是那么清楚，当一个主力操作股价时可能会弄出一些非标准的 N 字结构，当然你想**驾驭住这些非标准的 N 字结构则必须经历较长时间的临盘实战**，在掌握较为标准的 N 字结构基础上进行足够的练习。

我们先来看看个股上涨走势中比较标准和容易辨认的 N 字结构，请看附图 2-6，这是武钢股份的日线走势图，当然你可以在 1 小时图上寻找类似的走势结构。股价从 7.23 元的低点上扬，这就是 A 点，上涨到 B 点后出现了回调。回调到 C 点止跌，然后继续上涨。

附图 2-6　个股上涨趋势中的 N 字结构

通常，当股价在充分下跌之后出现的第一个 N 字结构往往是主力刚刚介入之后引发的，本例中 AB 段是主力的初次吸筹，而 BC 段则可能是主力的打压，CD 段则可能是主力初次拉升。在个股股价的长期上涨过程中，会出现不止一个 N 字结构，这些结构都可以为我们提供短线交易机会，但是上涨阶段的第一个 N 字和后续 N 字的操作存在差别。第一个 N 字往往需要等待 CD 段突破 B 点创出新高才能买入，后续 N 字则可以结合蜡烛线和成交量，以及分时图在调整末期就买入。当然，如果你能够将《高抛低吸——股市四度斐波纳契操作法》中的斐波那契回调工具和震荡指标引入，则可以更加准确地把握两类 N 字结构带来的机会，这个就需要大家下来自己加以融会贯通了。

个股上涨的 N 字结构为做多交易者提供了非常好的短线投机机会，而个股下跌的 N 字结构则为做多交易者发出了**可靠性极高的空仓信号**。如附图 2-7 所示，这是中国国贸的日线走势图，股价从 12.85 元附近下跌，之后出现了反弹，反弹结束后创出新低。

> N 字下跌结构往往是中长期的下跌信号，因为它往往意味着基本面发生了变化。当然，这并非绝对的，只是大概率事件。战胜不复，在旧逻辑中获得越好，则新逻辑里面就会死得很差。关键在于做好仓位管理，同时多问为什么，而不是死抠教条。

附图 2-7　个股下跌趋势的 N 字结构（1）

注意，下跌 N 字的 C 点不能高过 A 点，本例中也就是 12.85 元这个价位，最多可以形成双顶。当中国国贸在日线走势上形成下跌 N 字的时候，我们就应该选择空仓等待，当然如果可以融券做空的话，这应该是一个不错的机会。附图 2-8 展示了另外一个 N 字顶的例子，中航动控从 2015 年 6 月的高点下跌时出现了明确的 N 字顶信号。

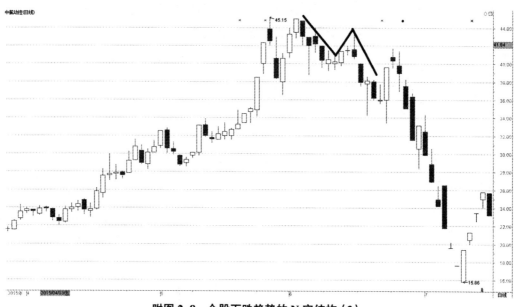

附图 2-8　个股下跌趋势的 N 字结构（2）

N 字信号也可以与斐波那契点位结合起来研判，如附图 2-9 所示的广发证券，第二波上涨是第一波上涨的 0.618 倍，在这个关键点位出现了向下 N 字结构，这就相当于是 N 字顶部出现在 0.618 投射点位处，前者确认了后者的阻力有效性。

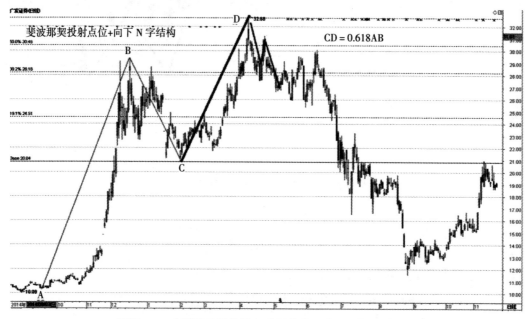

附图 2-9　个股下跌趋势的 N 字结构叠加斐波那契投射点位

　　当你以日为单位进行短线炒卖的时候，可以寻找**个股日线走势图上的 N 字结构**；当你以分时为单位进行超短线超卖的时候，则需要寻找**个股分时图上的 N 字结构**了，请看附图 2-10。当然分时走势图上的 N 字结构可以划分为上扬 N 字、下跌 N 字和水平 N 字，其中水平 N 字又被称为尖角波，是主力吸筹时经常出现的分时波形。当你从事日内超短线交易的时候，可以参照日线 N 字走势，当你从事日间短线交易的时候，可以利用分时 N 字走势过滤一些虚假日线信号。毕竟，同样的蜡烛线背后可能存在不同的"故事"，**要了解真相往往需要利用分时走势。**

短线交易的分析框架应该包括周线和日线级别的分析。

分时走势和挂单回顾功能可以帮助我们更好地理解主力的动向。

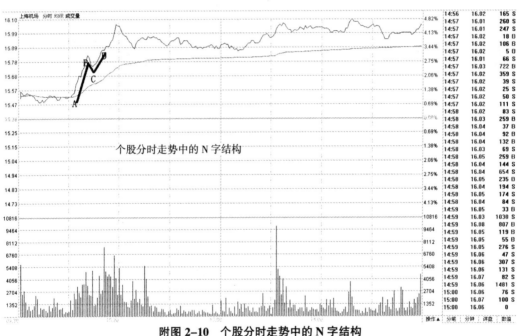

附图 2-10　个股分时走势中的 N 字结构

　　如果你看过我们的《黄金高胜算》一书，就应该明白 N 字结构其实是"正向发散—收敛—正向发散"的一种典型形态，这是趋势发动和持续的重要标志。N 字结构并不仅仅是股票价格的根本结构，同时也体现在成交量变化中，请看附图 2-11。这是皖通高速的日线成交量，可以发现成交量也呈现收敛和发散的交替，**成交量由收敛到发散**，接着收敛，再发

成交量收敛到极致的时候，往往就是爆发的时候，这个点我们称之为窒息点。N 字结构中的第三波运动往往开始于这一点。

散，这就是一个典型的成交量 N 字结构。

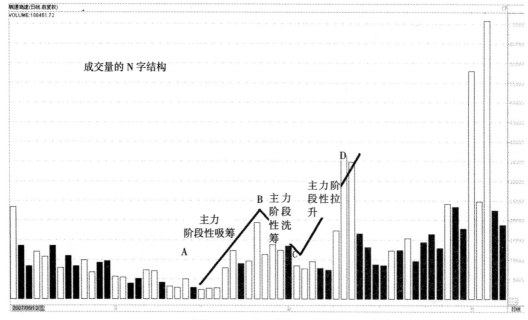

附图 2-11　成交量的 N 字结构

在上升走势中，第一个发散往往是主力阶段性吸筹的表现，当然你可以把它看作是买家势力强于卖家的表现，接着的收敛是主力阶段性洗筹的表现，当然你可以把它看作是不坚定买家获利回吐，但是大部分筹码仍然坚定持仓，第二个发散则是主力阶段性拉升的表现，当然你可以看成是买家惜售、卖家减少的表现。成交量可以为我们捕捉到主力的进出和市场大众的心理状态，**通过成交量和价格的交互验证**，我们短线个股炒家可以极大地提高胜率。

通过全书的学习，你会发现 N 字结构不仅存在于价格、分时图、成交量，还存在于买卖档，存在于诸多技术指标的形态中。这就是一个强大的武器，可以为你纵横股海大开方便法门。

有一种比较特殊的成交量是分时图上的脉冲状成交量，请看附图 2-12，这个成交量也存在周期性的收敛和发散，这种收敛和发散也体现为 N 字结构。分时图成交量的 N 字结构与日线图成交量的 N 字结构基本一致，我见过一位权证高手，

他就是利用**分时图价格和成交量**以及买卖档的 N 字结构持续获利的。

一分钟图中的脉冲天量是耐人寻味的，什么时候是顶，什么时候是一个新台阶，这个是可以从图上找出规律的。

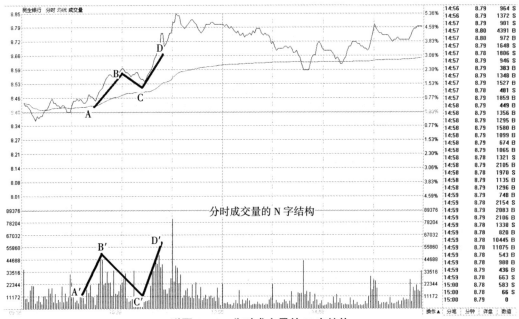

分时成交量的 N 字结构

附图 2-12　分时成交量的 N 字结构

其实，N 字结构并不限于价格走势和成交量变化，在技术指标上 N 字结构也是普遍存在的组织形态。技术指标有些叠加到价格走势上（主图上），比如移动平均线、抛物线指标等；有些则是单独呈现出来（副图上），比如 MACD 指标、相对强弱指标等。

技术指标的形态较少为炒家所关注，但是它们却有不少共同点，这就是 N 字形态，技术指标的 N 字形态比较少为人所关注，大家非常热衷于技术指标的四大类用法：背离、交叉、区间、离度。在展开介绍技术指标的 N 字形态之前，我们先介绍一下技术指标的这四大类用法。

技术分析师喜欢谈指标，总结出很多指标形态。其实，化繁为简之后无非都是些价格形态而已。

第一大类用法是背离，这是我们比较推崇的用法，与 N 字结构其实类似，甚至可以归纳为 N 字结构的特殊一类。指标背离主要指的是指标信号线与价格走势的背离，至于价量背离，以及技术基本面背离则不在我们这里的介绍之列。指

量能背离之后还可能有背离，这点可能很多人没有意识到。

标和价格的背离分为两类：底背离和顶背离。底背离是一个后市看涨的指标价格形态，它表明市场此后下跌的概率大于上涨的概率；顶背离则是一个后市看跌的指标价格形态，它表示市场此后上涨的概率大于下跌的概率。

我们先来看底背离，指标和股价的底背离其实表明了下跌动能的衰竭。股价创出了较 A 点更低的低点 B，当时对应的指标信号线（这里以 MACD 为例）却没有创出对应的新低，对应于股价新低的 B′ 是指标信号线的次低。

随着股价创出新低，下跌动量却缩减了，这是止跌的信号，走势反转的可能性很大。底背离的股价是一个下降 N 字，它表明了趋势向下，这时候就是一个虚假的趋势向下信号。要过滤这种虚假的趋势信号，则可以同时观察技术指标的变化。在底背离的情况中，技术指标呈现出向上 N 字，表明趋势向上，这就要求我们重新思考股价的真正趋势，如附图 2-13 所示。

底背离作为抢反弹的指标大多数时候是有效的，如果不做好仓位管理，也是枉然。

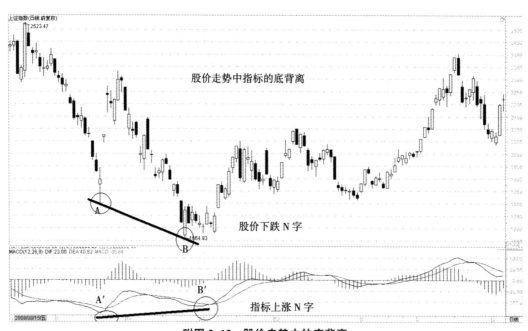

附图 2-13　股价走势中的底背离

顶背离与多头陷阱关系密切。

顶背离出现在上涨过程的末端，当然可能存在连续的顶背离，底背离也会有相同的情况，也就是说当第一个顶背离

出现的时候，股价未必是马上反转下跌，双重顶背离比单一顶背离更有效，就像双重
金叉比单一金叉更有效一样。如附图 2-14 所示，当股价创出新高 B 点时，对应的动量
指标信号线却画出了次高点 B′，这表明随着股价的上扬，上升动量已经减弱了，你可
以理解为上扬趋势衰竭了，或者说上升加速度减小了。

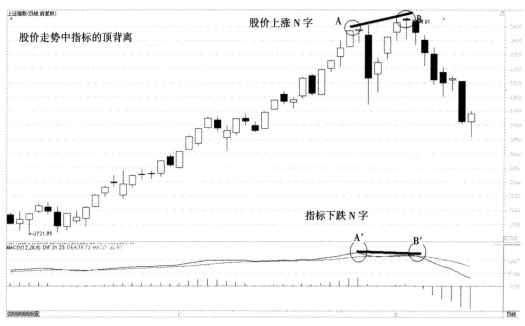

附图 2-14　股价走势中的顶背离

　　股价呈现出一个上升 N 字，但是此后股价却极容易下跌，这是因为股价的上涨 N
字对应着指标的下跌 N 字，这至少表明两者的信号不一致，短线炒家应该注意到这种
矛盾的信号，并逐渐驾驭住这类信号，从中获取利润。

　　股价和指标的背离是较少为短线炒家所重视的形态和信号，这也许正是其有用的
主要原因。指标信号线一般都是较长期和较短期的组合，所以会随着行情的发展出现
交叉。较短期信号线，如较短期移动平均线，更为灵敏，而较长期信号线，比如较长
期移动平均线，则更为迟钝，所以短期信号线经常向上或者向下穿越长期信号线。当
较短期信号线向下穿越较长期信号线时，死叉就发生了，死叉可以看成是短期交易者
比长期交易者更看空市场，也可以看成是下跌加速度增大，或者是下跌动量增加。指
标信号线的死叉往往对应着股价的下跌 N 字，如附图 2-15 所示。在不少证券交易类书
籍中，死叉和金叉都是主要的介绍内容，但是根据我们的经验，这类信号在极端期内
有限，只有当两个死叉靠得很近时，信号的可靠性才足够高。

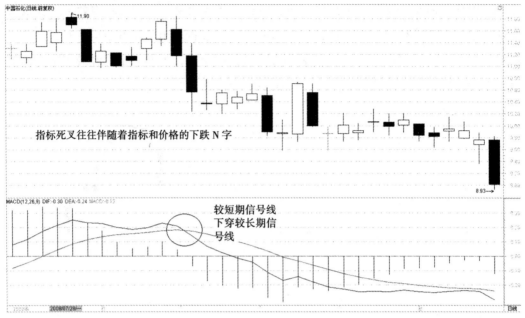

附图2-15　股价走势中的指标死叉

金叉代表加速上扬行为，可以作为参考，但是不如直接观察价格形态。何必叠床架屋呢？

指标金叉在传统股票教科书中一般被当作是经典的看涨信号，如附图2-16所示。指标的金叉是指较短期信号线上穿较长期信号线，金叉表明市场上涨的加速度为正，技术指标

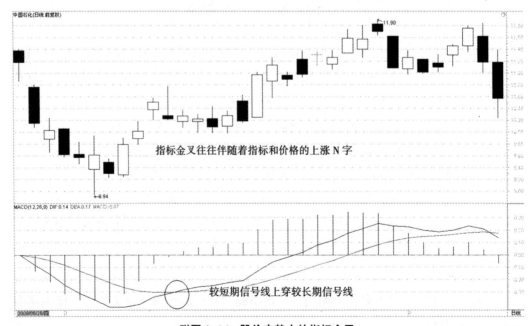

附图2-16　股价走势中的指标金叉

的金叉往往对应着股价的上涨 N 字结构，所以有时候短线炒家可以通过股价的上涨 N 字结构来做出买入研判，有时候则可以通过技术指标的金叉来做出买入研判，更多的时候短线炒家可以通过股价上涨 N 字和技术指标金叉两个方面的信息来做出短线买入决策。

技术指标常用技巧中除了交叉之外，还经常用到区间甄别技巧，**一般用得较多的是超卖和超买**。请看附图 2-17，通常而言震荡指标，比如本例中的 KD 指标，以及其他比较著名的震荡指标（RSI、KDJ 等）都将信号线所处值域分为四个区间，最高的区间是超买区间；超买区间之下、中值线之上则是看涨区间；最低的区间是超卖区间；超卖区间之上，中值线之下则是看跌区间。

斐波那契四度操作法的一大要素就是震荡指标，这是一个局部有效的指标，可以帮助你选择进场点位，但却不能作为持仓方向的指标，因为这个指标不代表全局的趋势。

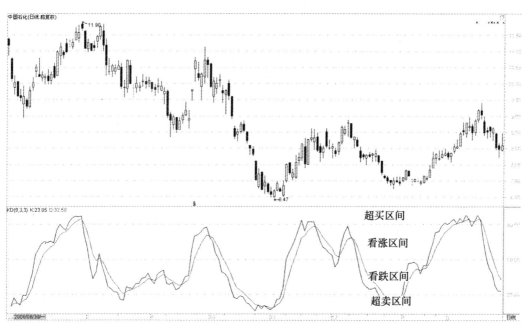

附图 2-17　股价走势中的指标区间

在震荡走势中，信号线处于超卖区间是做多的信号，信号线处于超买区间则是做空的信号；在单边上涨走势中，信号线处于超卖区间是做多的信号，信号线处于超买区间则不是做空的信号；在单边下跌走势中，信号线处于超买区间是

做空的信号，信号线处于超卖区间则不是做多的信号。很多人之所以误用了区间信号，最根本的原因还在于他们没有理解区间信号所依赖的市场趋势背景，究竟是震荡走势，还是单边走势。

技术指标除了背离用法之外，还有一种比较不常用的技巧——适离，这个技巧一般用在主图中，均线和支撑阻力线是这种用法的主要代表。当然，在副图中也可以采用这种用法，根据在主图中的用法延伸开来即可。适离主要探讨的是较短期对象和较长期对象之间的位置关系，两者相隔太远时引力作用增强，两者相隔太近时斥力作用增强，两者相隔太远被称为**乖离，两者相隔太近倍称为适离**。

移动平均线相对于股价线而言属于较长期对象，股价线则是较短期对象，请看附图 2-18。当股价远离 60 日移动平均线时，引力作用增强，股价跌回移动平均线，这就是乖离作用；当股价触及 60 日移动平均线时，斥力作用增强，股价反弹（远离均线），这就是适离作用。附图 2-18 中，A、C、E、F 四个位置是乖离关系，而 B、D、G 三个位置则是适离关系。

> 乖离率显示了泡沫的大小，上涨速度的快慢，可以作为局部指标使用。

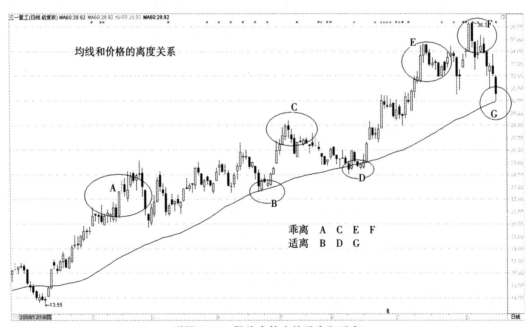

附图 2-18　股价走势中的乖离和适离

适离关系一般是 N 字的次低，也就是 N 字的第二个转角部位，这是大家需要掌握的地方。

技术指标的四大用法如附表 2-1 所示，背离和离度是用得较少的两个技巧，而交叉和区间则是用得较多的两个技巧，正因为这样背离和离度的效果更好一些，二交叉和区间的效果要差一些。

附表 2-1 技术指标四大用法

技术指标四大用法			
1	背离	顶背离	底背离
2	交叉	金叉	死叉
3	区间	超买	超卖
4	离度	乖离	适离

技术指标的具体用法有成千上万种，但是如果你能够从上述四个角度去掌握，则所有的技术指标用法都能融会贯通，这就是所谓的**"技术指标万法归宗"**。技术指标的这四种用法最终则可以归结到 N 字结构上，这个需要大家更高的悟性，既然技术指标与股价一样，也能够归结到 N 字结构上，则可以说明 N 字结构真的是股票走势的根本结构。不管是股价数据本身，还是经过加工的股价数据（技术指标）都体现了 N 字结构，这就证明了我们一直高举的一个论点：N 字结构是股价走势的根本结构。

下面我们来看几个具体技术指标中的 N 字结构，请看附图 2-19，这是上证指数日线走势。附图 2-19 的副图是 MACD 指标，可以看到该指标的信号线出现了很多上涨 N 字结构，这些结构恰好与指数的 N 字结构相呼应。技术指标的 N 字结构有时候可以替代股价或股指本身的 N 字结构用于研判，在绝大多数情况下则是对股价或者股指本身的 N 字结构进行确认和过滤，比如在背离技巧使用过程中就是这样的。

除了重要均线和震荡指标之外，斐波那契点位和 K 线形态是我们比较重视的技术因素。如果只保留一个技术因素的话，那就是价格本身。

附图 2-19　技术指标的 N 字结构（1）：MACD 指标线的 N 字结构

60 日均线和 120 日均线，以及 250 日均线是三条可能引发自我实现预言效应的"神奇均线"。你可以将自己的 N 字结构操作法纳入这三条均线。

移动平均线是对价格的最简单加工，它的起伏迟于价格本身的波动，这就是趋势指标的一个重要特征。移动平均线的运动也呈现出 N 字特征，如附图 2-20 所示，平均线指标的

附图 2-20　技术指标的 N 字结构（2）：移动平均线的 N 字结构

起伏构成了一个一个的上涨 N 字结构。当然移动平均线也会形成很多下跌 N 字结构，无论如何移动平均线构成的 N 字结构较价格本身更为平滑和显著，更能够清晰地呈现出股价运动的某些根本结构。

MACD 指标线和移动平均线都属于趋势指标线，它们出现 N 字结构并不值得惊奇，因为 N 字结构本身就是标注趋势走向的根本结构。除了趋势指标以 N 字结构的方式运动之外，震荡指标也是以 N 字结构的形式展开的，这可能是绝大多数股票短线炒家所忽视的地方。

如果在指标上画趋势线的话，则你可以比绝大多数炒家更加有效地操作短线波段，除了趋势指标可以画趋势线之外，震荡指标也可以画趋势线，如下降趋势线和上升趋势线，在这个过程中你将发现震荡指标的运动无疑也是以 N 字结构展开的。如附图 2-21 所示，这是上海机场的日线走势图，主图中的股价走势和副图中的 KD 指标在同步波动，股价的 N 字体现在 KD 指标线的 N 字运动上。

MACD 指标线只能告诉你发生了什么和正在发生什么，要想让它变成趋势预言大师那是做梦。

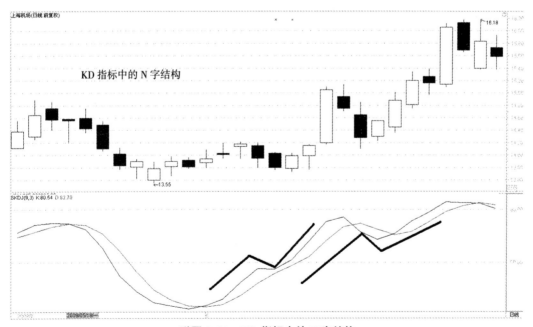

附图 2-21　KD 指标中的 N 字结构

N 字结构并不局限于股价，也不局限于趋势指标，而是在各类股价运动和技术指标上都有所体现，这就是 N 字结构在股票运动中的普遍性和根本性。同时，N 字结构贯穿于各大交易品种，从股票、外汇、期货到黄金、债券和期权等，N 字结构不仅出现在价格上，还出现于成交量上，以及其他技术指标上，你可以将这个武器用于一切品种的交易。本文主要从股票短线的角度展开，但是这个策略并不局限于股票，可以用于各类金融品的交易。

（本文摘编自《短线法宝：神奇 N 结构盘口操作法》）

波动率和敛散性：K线和布林带

在前面我们谈到敛散性，也就是波动率的问题，这里我们将具体介绍下K线交易技术中所折射出来的波动率思想，将日本的K线技术与美国的布林带技术贯通起来。

基本面分析，或者说驱动分析的主要目的是找出资金流动趋向。量子基金前合伙人，独立投资人吉姆·罗杰斯就是主要从全球资金流向的角度分析投资机会的。而资金流向的一个主要规则就是"趋利避害"，所谓"趋利"，就是追求高收益；所谓"避害"，就是规避高风险。

"趋利避害"简而言之就是追求风险调整后的高收益。所以，驱动分析的主要对象是收益率。**而技术面分析，或者说行为分析的主要指的是找出市场参与者的意愿持续性，市场情绪是坚决还是犹豫**，因为这涉及交易策略是见位进场，还是破位进场，是继续持仓、让利润奔腾，还是截短亏损、迅速停损。所以，行为分析的主要对象是波动率，也就是本节要阐述的主题。附表3-1列出了驱动分析和行为分析的对象差别。

理查德·丹尼斯是除杰西·利弗摩尔之外最出名的技术交易大师，是实战大师而不是理论大师，其大师的称号源自辉煌的战绩：从2000美元到上亿美元的神话！他的主要操作策略是周规则，也就是创出4周新高做多，创出4周新低做空，这套方法主要用于期货市场（因为期货市场每个品种每年都

风险偏好决定黄金的主导属性。

附表 3-1 两大分析流派的代表人物

分析方式	基本面分析	技术面分析
分析内容	驱动因素	行为因素
分析对象	收益率	波动率
主要代表人物	吉姆·罗杰斯	理查德·丹尼斯
代表人物的具体分析策略	全球资金流动分析法	周规则
代表人物的资历	量子基金创始人	海龟交易计划发起者

有 1~3 波的中级单边市）。

这套方法之所以能够成功，是因为其中包括了波动率分析。也就是说，以 20 个交易日（4 周）作为波动率分析的时间段，考察交易当日的波动率是否超出之前 20 日的波动率，创出新高和创出新低就是波动率扩大，也就是发散的信号，这时候意味着市场在某一特定方向确立了坚决的市场情绪，市场处于失衡状态，必须在失衡方向上寻找新的均衡，如附图 3-1 所示。全美技术分析师协会考察了 50 年来所有著名的交易策略，周规则绩效名列第一。当然，这是一个以日为单位的考察。不过，其中蕴含的哲学性概念值得我们深思。

附图 3-1 周规则

　　K 线能够在市场分析中发挥显著作用和日益繁荣的一个原因是它表征了宇宙的对立统一规律。而周规则能够如此有效，就是因为它是基于行为因素的波动率特征。那么 K 线是否也表征了波动率特征呢？如果你对上一节的内容有所了解的话，应该对这个问题持有肯定回答。

　　K 线，也就是蜡烛线构成波动率分析的微观层面，如附表 3-2 所示。收敛就是既定时间内的运动范围缩小，发散就是既定时间内的运动范围扩大。附表 3-2 将市场的波动性二元化了，波动性划分为收敛和发散，对应于蜡烛线的两种类型。

附表 3-2　波动二元性

敛散性 （波动率）	蜡烛线 （微观层面）	价格密集度 （中观层面）	走向特征 （宏观层面）	市场情绪	市场状态	交易含义
收敛	小实体蜡烛线	成交密集区	区间震荡市场	犹豫	均衡	提醒信号
发散	大实体蜡烛线	成交稀疏区	趋势单边市场	坚决	失衡	确认信号

　　收敛之后的发散往往意味着很好的交易机会，有可能是见位交易的机会，也有可能是破位交易的机会。小实体 K 线提醒你交易机会随时可能出现，而大实体 K 线则表明交易机会已经出现，并且帮你确认了交易的方向和具体进场位置。

　　首先我们以见位做多进场为例。上升趋势中蜡烛线跌到某一支撑线之后出现小实体 K 线，意味着市场在此支撑线出现了犹豫，市场状态处于暂时均衡，这时候我们要随时等候机会的出现。在短暂的均衡之后，如果市场以大实体阳线远离此支撑线，则我们可以在此大实体阳线形成之后立即进场交易，如附图 3-2 所示。

　　第二个例子以破位做多进场为例，上升趋势中的回调完成之后，黄金价格向上突破前期高点，创出新高的蜡烛线是大实体阳线，这表明市场向上运动的大众情绪是坚决的，这是一个发散状态，相对于调整处的收敛状态而言，突破处的波动性提高了，这是一个确认进场的信号，如附图 3-3 所示。

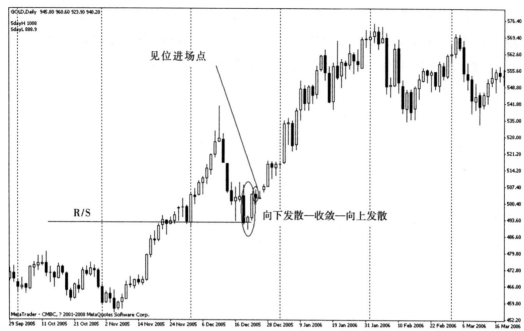

附图 3-2　收敛之后的发散往往意味着很好的交易机会（1）

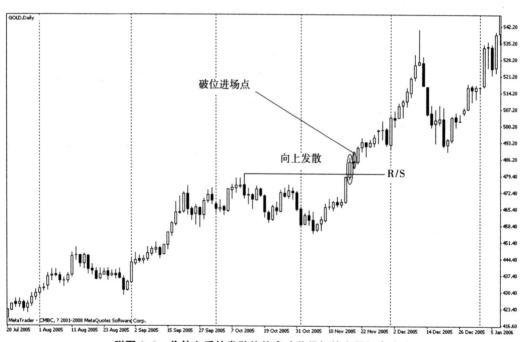

附图 3-3　收敛之后的发散往往意味着很好的交易机会（2）

　　上面以做多交易为例，分别演示了敛散形态信号在见位做多交易和破位做多交易中的实战应用。对于做空交易而言，读者可以反向推得，如果还不是很明白可以通过

本书后面章节逐步掌握其中的具体操作和实战策略。下面我们将经典的K线形态分别从敛散性或者说波动性的角度予以剖析（附图3-4），将原本复杂的K线形态组合简化为两种最基本的结构，通常而言我们以发散形态作为破位和见位进场的确认形态，而以收敛形态作为确认信号之前的提醒信号。

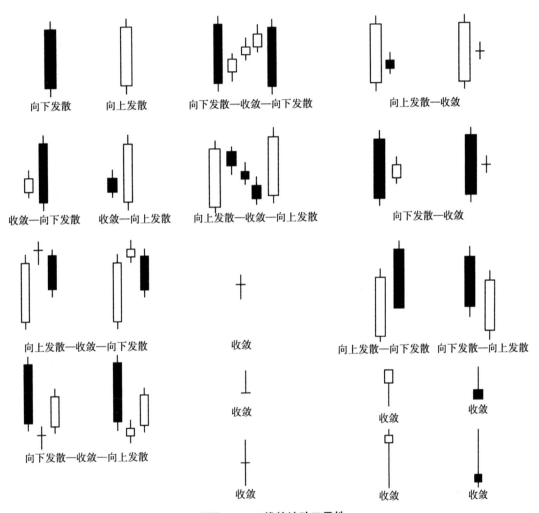

附图3-4　K线的波动二元性

注：发散是确认进场的信号，收敛是提醒进场即将到来的信号。

不少使用K线失败的交易者，包括黄金交易者都是因为混淆了提醒信号和确认信号。收敛形态是提醒信号，但是往往被当作确认信号，如一个十字星，只是一个提醒信号，提醒你进场机会可能出现，而不能将十字星当作反转确认信号，只有当十字星之后出现了较大实体的K线，才能据此确认交

不同的K线具有不同的职能和含义，除了与它们的形态有关外，还与基本面背景有关。

易方向，然后在此根较大的 K 线之后的一根 K 线入场。当然，有时市场不会给出提醒信号，而是直接给出确认信号，然后就是进场信号。这种情况往往与 K 线形态中的乌云盖顶、看跌吞没、刺透形态和看涨吞没有关。

K 线是波动性的微观载体，波动性的中观载体则是价格的波段走势，可以通过 ATR（平均真实波幅）来刻画，但是最好的中观波动率观察工具是布林带。布林带被认为是唯一一个符合统计科学的技术指标，它主要是利用了均值和离差的思想。

布林带的发明人是布林格，他专门撰写了一本书来解释布林带的用法。布林带的主要用法有两种：第一种用法是利用价格的统计收敛特征，将布林带的上下轨作为支撑阻力，当然中轨有时候也有这样的用处，不少黄金走势评论中出现的波动区间就是利用布林带的上下轨得出的；第二种用法是利用布林带标准差的移动变化来表征市场波动率的变化，波动率的急剧降低意味着单边行情随时可能来临，而波动率的突然增加往往是单边行情开启的时间窗口。

与 K 线的敛散一样，布林带也有敛散：从中观层面来看，价格成交密集区，也就是布林带收敛区，是波动率降低的区域，也就是收敛形态，这是提醒信号，你需要密切关注即将到来的交易机会；而价格成交稀疏区，也即是布林带扩展区，是波动率升高的区域，也就是发散形态，这是确认信号，接下来你可以扣动扳机了。当然，发散形态出现之后，你需要根据市态迅速估计大致的风险报酬结构，并制定后续的进场和出场的计划，然后才是扣动扳机，一旦熟练这个过程两分钟左右就能完成。

下面第一张图（附图 3-5）是没有叠加布林带的黄金小时走势图，你能迅速地区分其中的波动率状况么？找出其中的成交密集区和成交稀疏区，你能迅速地识别出波动率的异常吗？如果你能的话，我们恭喜你有这样敏锐的直观度量能力。但是，绝大多数人需要借助布林带这样的工具才能迅速地识

K 线开始出现大量的小实体类型，这些都是微观层面的收敛形态，表明市场处于犹豫和均衡之中，提醒你交易机会随时可能来临，你需要像猎豹一样静待时机。

别出中观层次的波动率的变动。请看第二张图片（附图 3-6），这张图与第一张图没有太大的不同，唯一的差别在于第二幅图叠加了布林带。你是不是可以迅速地识别出波动率的异常动静呢？请注意，在该图的最左边，K 线开始出现大量的小实体类型，这

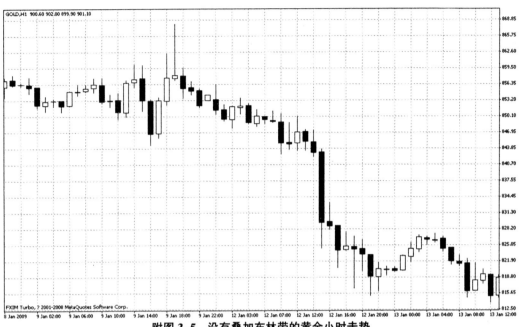

附图 3-5　没有叠加布林带的黄金小时走势

附图 3-6　叠加布林带的黄金小时走势

些都是微观层面的收敛形态，表明市场处于犹豫和均衡之中，**提醒你交易机会随时可能来临，你需要像猎豹一样静待时机。**

从中观层面来看，你看到布林带在图左边迅速收口，这是中观层面发出的收敛—提醒信号。在图的中部，大实体 K 线出现了，布林带张口了，微观和中观层次同时出现了发散—确认信号，确认进场做空。

市场行为总是表现为收敛和发散两种形态，这两种形态可以从一种市场最基本的运动结构中得到理解，这就是 N 字结构，如附图 3-7 所示。

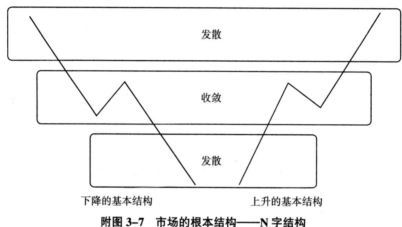

附图 3-7 市场的根本结构——N 字结构

这种敛散形态可以从 K 线中得出，然后反用于 K 线的具体实践，方便 K 线学习者在短期内掌握应付复杂情况的简单技术，同时我们也可以把蕴含于 K 线中的微观敛散形态放大到中观层面，这时候我们就**需要借助布林带的威力了。**市场中主要的进场方式不过两种，这就是见位交易和破位交易，而这两种进场方式要求交易者必须能够确认关键水平的阻挡和支撑是否有效，敛散形态恰好是解决这个问题的最有效和简捷手段。

三角形是一种收敛形态，之后价格突破三角形边缘的行为这是发散形态，这种突破就是一个确认**交易进场的信号，准确而言是一个破位信号。**这些东西具有很好的普适性，同

> 布林带直观地展示了中观层面的波动率。

> 三角形是一种收敛形态。

时又能兼顾具体行情走势的特殊性，所以是非常好的分析工具。本文的主要目的是让大家认识到进场之前的提醒和确认措施，这就是收敛形态和发散形态。能够利用 K 线和布林带分别把握微观和中观层面的市场敛散表现，则你的交易进出场将变得更加理性和可操作化。这里的思想和策略可以用于所有交易标的，而不仅仅是黄金，虽然我们在此处列举的例子都是与黄金有关的。

（本文摘编自《黄金短线交易的 24 堂精品课：超越 K 线战法和斐波那契技术》）